Impressum
Verlag: BABADADA GmbH, Nedderfeld 112 , 22529 Hamburg
Geschäftsführer / Verlagsleitung: Harald Hof
Druck: Books on Demand GmbH, In de Tarpen 42, 22848 Norderstedt

Imprint
Publisher: BABADADA GmbH, Nedderfeld 112 , 22529 Hamburg, Germany
Managing Director / Publishing direction: Harald Hof
Print: Books on Demand GmbH, In de Tarpen 42, 22848 Norderstedt

σχολείο
Šola

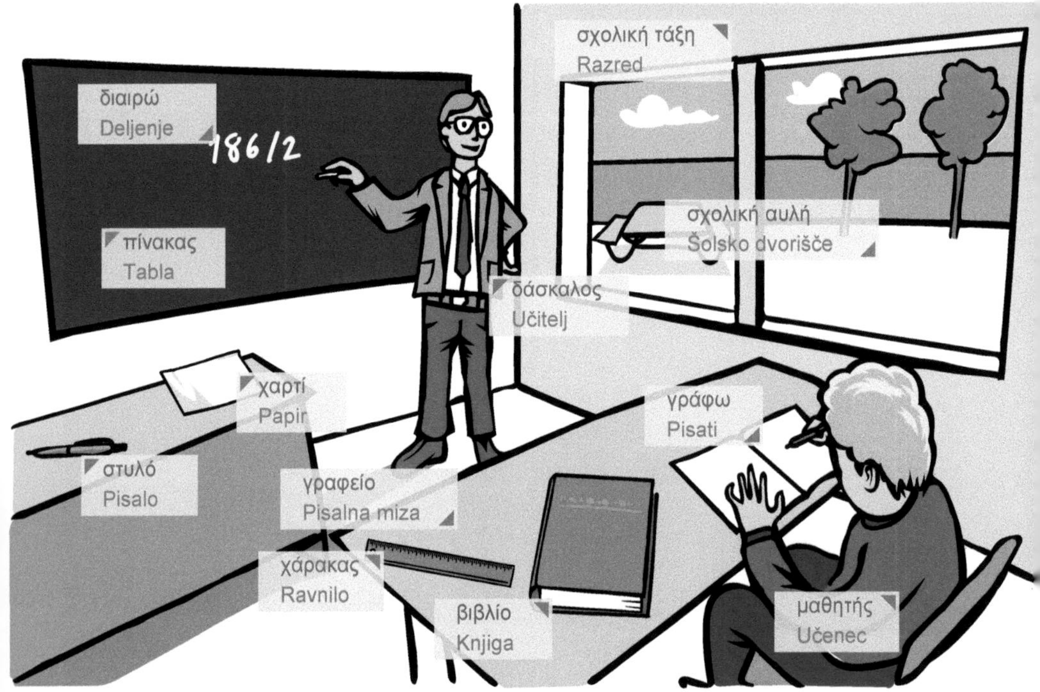

σχολική τάξη
Razred
διαιρώ
Deljenje
186/2
πίνακας
Tabla
σχολική αυλή
Šolsko dvorišče
δάσκαλος
Učitelj
χαρτί
Papir
γράφω
Pisati
στυλό
Pisalo
γραφείο
Pisalna miza
χάρακας
Ravnilo
βιβλίο
Knjiga
μαθητής
Učenec

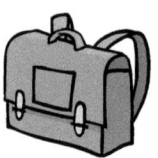

σχολική τσάντα

Šolska torba

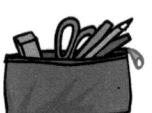

κασετίνα/ μολυβοθήκη

Peresnica

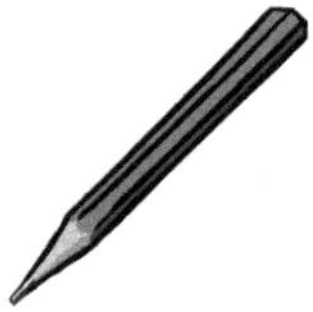

μολύβι

Svinčnik

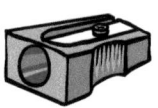

ξύστρα

Šilček

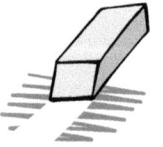

γόμα

Radirka

μπλοκ ζωγραφικής

Risalni blok

ζωγραφική

Risba

πινέλο

Čopič

κουτί χρωμάτων

Vodene barvice

ψαλίδι

Škarje

κόλλα

Lepilo

τετράδιο ασκήσεων

Zvezek

εργασία για το σπίτι

Domača naloga

αριθμός

Število

προσθέτω

Seštevanje

αφαιρώ

Odštevanje

πολλαπλασιάζω

Množenje

υπολογίζω

Računanje

γράμμα

Črka

αλφάβητο

Abeceda

λέξη

Beseda

κείμενο

Besedilo

διαβάζω

Brati

κιμωλία

Kreda

μάθημα

Učna ura

εγγράφομαι

Redovalnica

τεστ

Preizkus znanja

πιστοποιητικό

Spričevalo

μαθητική στολή

Šolska uniforma

εκπαίδευση

Izobrazba

εγκυκλοπαίδεια

Enciklopedija

πανεπιστήμιο

Univerza

μικροσκόπιο

Mikroskop

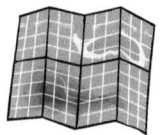

χάρτης

Zemljevid

καλάθι αχρήστων

Koš za smeti

ταξίδι
Potovanje

ξενοδοχείο
Hotel
Grand
ξενώνας
Hostel
ROOMS
EXCHANGE
ανταλλακτήρια συναλλάγματος
Menjalnica
βαλίτσα
Kovček
αυτοκίνητο
Avtomobil

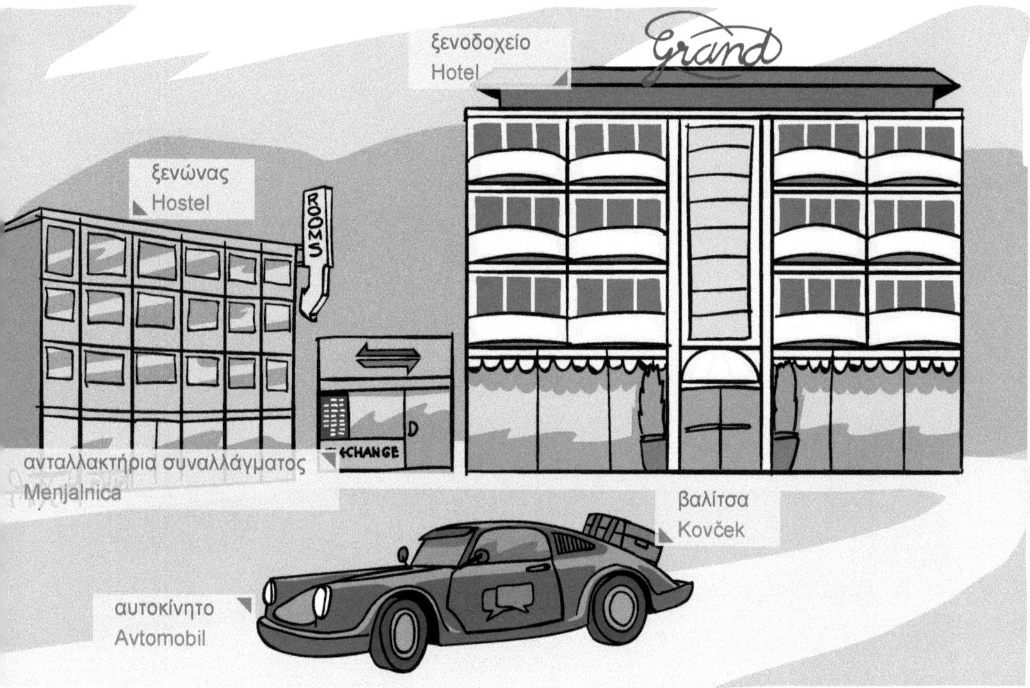

γλώσσα

Jezik

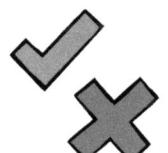

ναι / όχι

da / ne

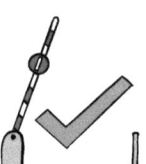

εντάξει

Prav

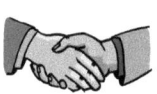

γεια σου

Pozdravljeni

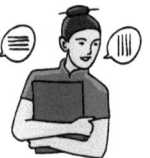

μεταφραστής

Prevajalec

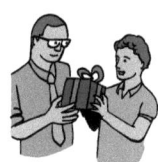

Ευχαριστώ

Hvala

πόσο κάνει ;
Koliko stane…?

Δε καταλαβαίνω
Ne razumem

πρόβλημα
Težava

Καλησπέρα!
Dober večer!

Καλημέρα!
Dobro jutro!

Καληνύχτα!
Lahko noč!

Αντίο
Nasvidenje

κατεύθυνση
Smer

αποσκευές
Prtljaga

τσάντα
Torba

σακίδιο πλάτης
Nahrbtnik

καλεσμένος
Gost

δωμάτιο
Soba

υπνόσακος
Spalna vreča

σκηνή
Šotor

τουριστικές πληροφορίες

Turistične informacije

παραλία

Plaža

πιστωτική κάρτα

Kreditna kartica

πρωινό

Zajtrk

μεσημεριανό

Kosilo

δείπνο

Večerja

εισιτήριο

Vozovnica

ανελκυστήρας

Dvigalo

γραμματόσημο

Znamka

σύνορα

Meja

τελωνείο

Carina

πρεσβεία

Veleposlaništvo

βίζα

Vizum

διαβατήριο

Potni list

μεταφορά
Prevoz

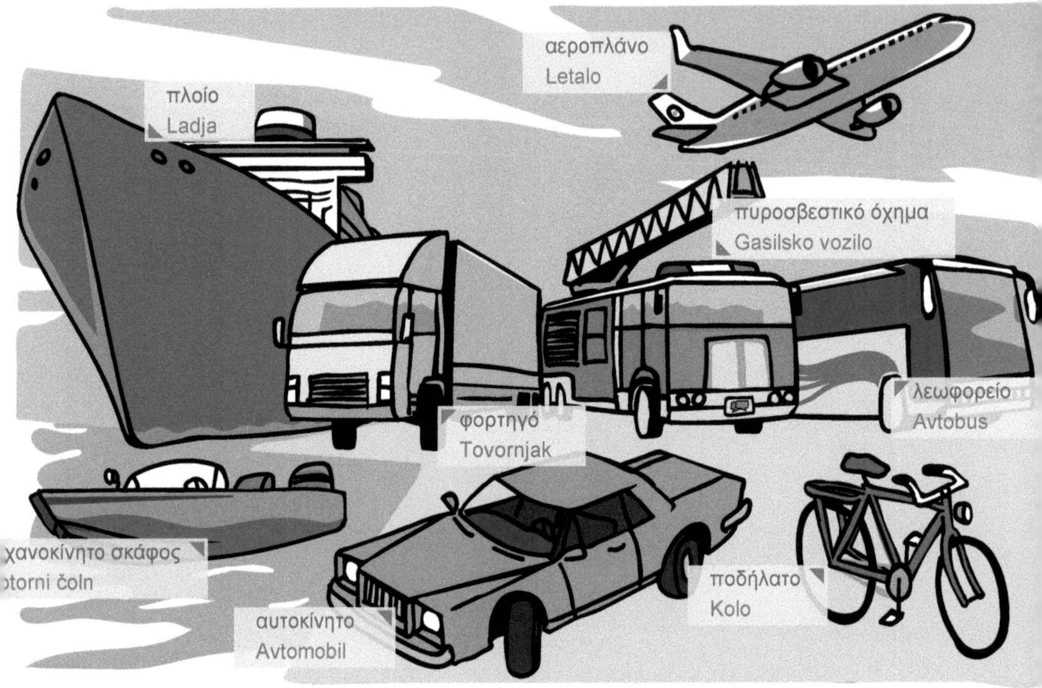
αεροπλάνο
Letalo
πλοίο
Ladja
πυροσβεστικό όχημα
Gasilsko vozilo
λεωφορείο
Avtobus
φορτηγό
Tovornjak
χανοκίνητο σκάφος
torni čoln
ποδήλατο
Kolo
αυτοκίνητο
Avtomobil

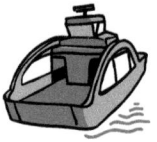

φεριμπότ

Trajekt

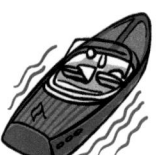

βάρκα

Čoln

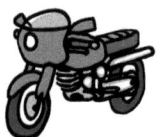

μοτοσικλέτα

Motorno kolo

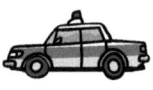

περιπολικό

Policijski avto

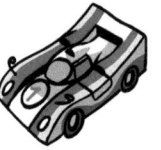

αγωνιστικό αυτοκίνητο

Dirkalni avto

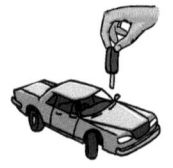

ενοικιαζόμενο αυτοκίνητο

Najeto vozilo

διαμοιρασμός αυτοκινήτων

Souporaba avtomobila

γερανός

Avtovleka

απορριμματοφόρο

Smetarsko vozilo

κινητήρας

Motor

καύσιμο

Gorivo

βενζινάδικο

Bencinska postaja

πινακίδα σήμανσης

Prometni znak

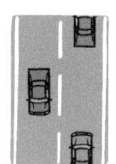

κυκλοφορία

Promet

κυκλοφοριακή συμφόρηση

Zastoj

χώρος στάθμευσης

Parkirišče

σιδηροδρομικός σταθμός

Železniška postaja

σιδηροδρομικές γραμμές

Tirnice

τρένο

Vlak

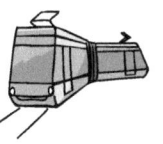

τραμ

Tramvaj

βαγόνι

Vagon

ελικόπτερο

Helikopter

αεροδρόμιο

Letališče

πύργος

Stolp

επιβάτης

Potnik

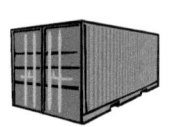

εμπορευματοκιβώτιο

Kontejner

χαρτοκιβώτιο

Karton

καρότσι

Voziček

καλάθι

Košara

απογειώνομαι /
προσγειόνομαι

vzleteti / pristati

πόλη
Mesto

χωριό

Vas

κέντρο της πόλης

Mestno jedro

σπίτι

Hiša

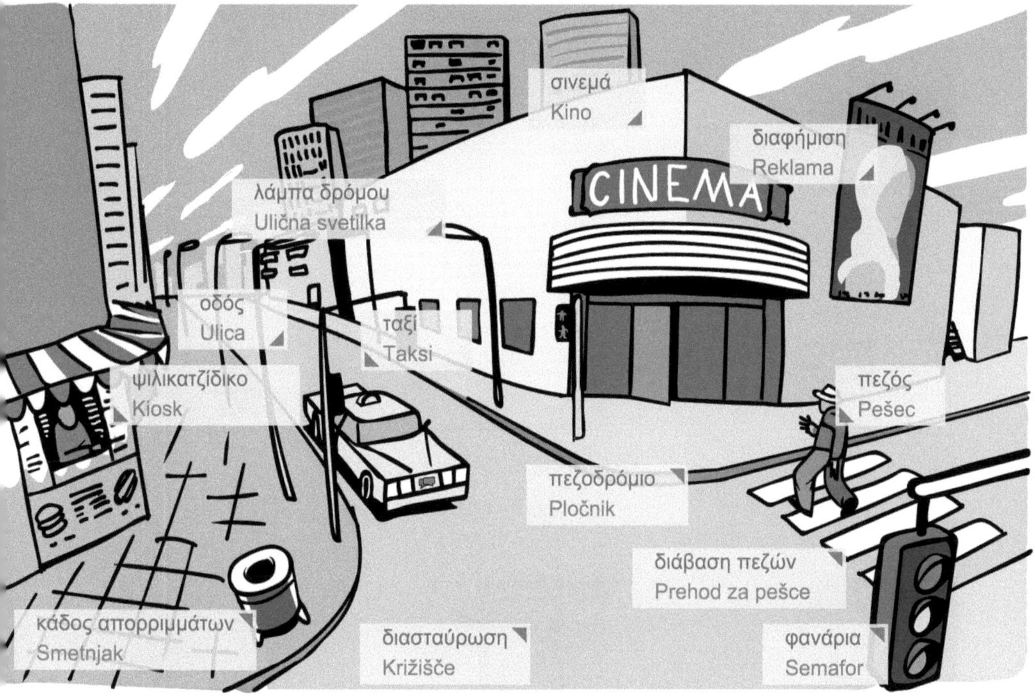

σινεμά
Kino

διαφήμιση
Reklama

λάμπα δρόμου
Ulična svetilka

CINEMA

οδός
Ulica

ταξί
Taksi

ψιλικατζίδικο
Kiosk

πεζός
Pešec

πεζοδρόμιο
Pločnik

διάβαση πεζών
Prehod za pešce

κάδος απορριμμάτων
Smetnjak

διασταύρωση
Križišče

φανάρια
Semafor

καλύβα

Koča

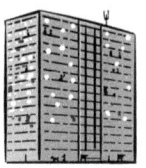

διαμέρισμα

Stanovanje

σιδηροδρομικός σταθμός

Železniška postaja

δημαρχείο

Mestna hiša

μουσείο

Muzej

σχολείο

Šola

πανεπιστήμιο

Univerza

τράπεζα

Banka

νοσοκομείο

Bolnišnica

ξενοδοχείο

Hotel

φαρμακείο

Lekarna

γραφείο

Pisarna

βιβλιοπωλείο

Knjigarna

κατάστημα

Trgovina

ανθοπωλείο

Cvetličarna

σούπερ μάρκετ

Supermarket

αγορά

Tržnica

πολυκατάστημα

Veleblagovnica

ιχθυοπωλείο

Ribarnica

εμπορικό κέντρο

Nakupovalno središče

λιμάνι

Pristanišče

πόλη - Mesto

πάρκο

Park

παγκάκι

Klop

γέφυρα

Most

σκάλες

Stopnice

μετρό

Podzemna železnica

τούνελ

Predor

στάση λεωφορείου

Avtobusno postajališče

μπαρ

Bar

εστιατόριο

Restavracija

γραμματοκιβώτιο

Poštni nabiralnik

πινακίδα δρόμου

Ulična tabla

παρκόμετρο

Parkirna ura

ζωολογικός κήπος

Živalski vrt

πισίνα

Kopališče

τζαμί

Mošeja

αγρόκτημα

Kmetija

ρύπανση

Onesnaževanje

νεκροταφείο

Pokopališče

εκκλησία

Cerkev

παιδική χαρά

Otroško igrišče

ναός

Tempelj

τοπίο
Pokrajina

φύλλο
List

πινακίδα κατεύθυνσης
Kažipot

δρόμος
Pot

λιβάδι
Travnik

πέτρα
Kamen

δέντρο
Drevo

πεζοπόρος
Pohodnik

ποτάμι
Reka

χορτάρι
Trava

λουλούδι
Cvetlica

κοιλάδα

Dolina

λόφος

Hrib

λίμνη

Jezero

δάσος

Gozd

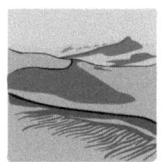

έρημος

Puščava

ηφαίστειο

Vulkan

κάστρο

Grad

ουράνιο τόξο

Mavrica

μανιτάρι

Goba

φοίνικας

Palma

κουνούπι

Komar

μύγα

Muha

μυρμήγκι

Mravlja

μέλισσα

Čebela

αράχνη

Pajek

σκαθάρι

Hrošč

βάτραχος

Žaba

σκίουρος

Veverica

σκαντζόχοιρος

Jež

λαγός

Zajec

κουκουβάγια

Sova

πουλί

Ptič

κύκνος

Labod

αγριογούρουνο

Divji prašič

ελάφι

Jelen

άλκη

Los

φράγμα

Jez

ανεμογεννήτρια

Vetrnica

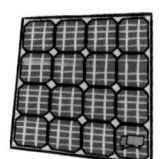

ηλιακός συλλέκτης

Solarna plošča

κλίμα

Podnebje

εστιατόριο
Restavracija

σερβιτόρος
Natakar
κατάλογος
Jedilnik
καρέκλα
Stol
σούπα
Juha
πίτσα
Pica
μαχαιροπίρουνα
Pribor
τραπεζομάντιλο
Prt

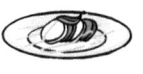

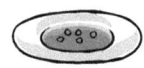

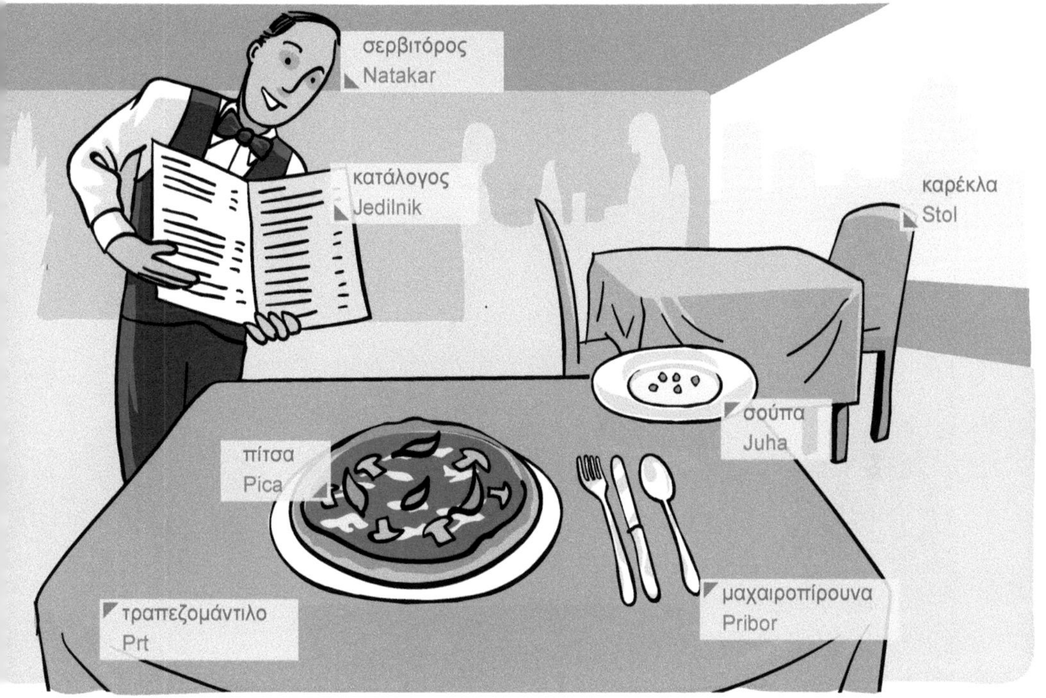

ορεκτικό

Predjed

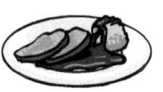

κύριο πιάτο

Glavna jed

επιδόρπιο

Sladica

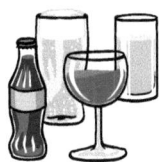

ποτά

Pijače

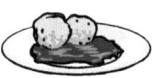

φαγητό

Hrana

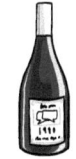

μπουκάλι

Steklenica

φαστ φουντ

Hitra hrana

φαγητό στ' όρθιο

Ulična hrana

τσαγιέρα

Čajnik

δοχείο ζάχαρης

Sladkornica

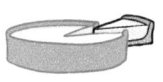

μερίδα

Porcija

μηχανή εσπρέσο

Aparat za espresso

ψηλή καρέκλα

Stolček za hranjenje

λογαριασμός

Račun

δίσκος

Pladenj

μαχαίρι

Nož

πιρούνι

Vilica

κουτάλι

Žlica

κουταλάκι του τσαγιού

Čajna žlička

πετσέτα φαγητού

Servieta

ποτήρι

Kozarec

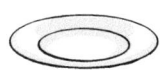

πιάτο
Krožnik

πιάτο σούπας
Globoki krožnik

πιατάκι φλιτζανιού
Krožniček

σάλτσα
Omaka

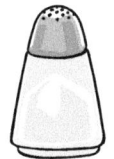

αλατιέρα
Solnica

μύλος για πιπέρι
Mlinček za poper

ξύδι
Kis

λάδι
Olje

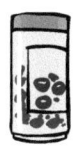 

μπαχαρικά
Začimbe

κέτσαπ
Kečap

μουστάρδα
Gorčica

μαγιονέζα
Majoneza

σούπερ μάρκετ

Supermarket

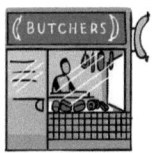

προσφορά
Posebna ponudba
FOR
πελάτης
Stranka
γαλακτοκομικά προϊόντα
Mlečni izdelki
φρούτα
Sadje
καρότσι για ψώνια
Nakupovalni voziček

BUTCHERS

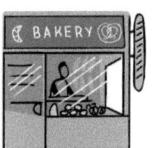

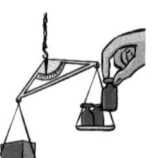

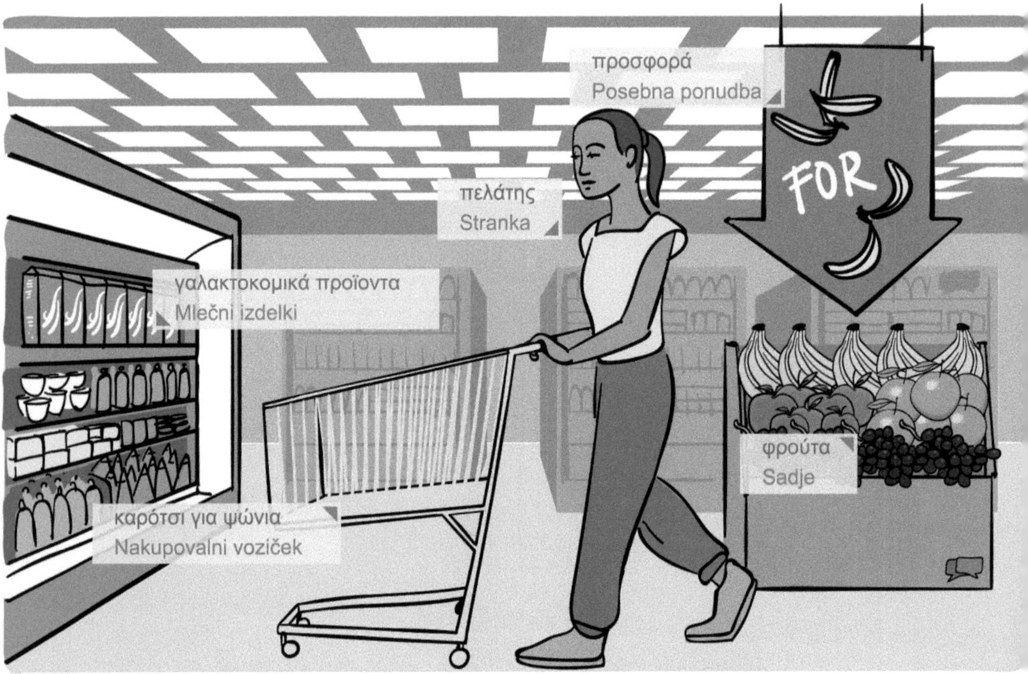

κρεοπωλείο

Mesnica

BAKERY

φούρνος

Pekarna

ζυγίζω

Tehtati

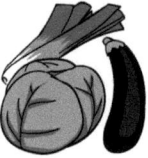

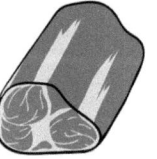

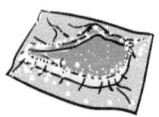

λαχανικά

Zelenjava

κρέας

Meso

κατεψυγμένα τρόφιμα

Zamrznjena hrana

αλλαντικά
Hladne mesnine

κονσερβοποιημένη τροφή
Konzerve

απορρυπαντικό ρούχων
Pralni prašek

γλυκά
Sladkarije

οικιακά είδη
Gospodinjski izdelki

καθαριστικά προϊόντα
Čistilno sredstvo

πωλήτρια
Prodajalka

ταμείο
Blagajna

ταμίας
Blagajnik

λίστα για ψώνια
Nakupovalni seznam

ωράριο λειτουργίας
Delovni čas

πορτοφόλι
Denarnica

πιστωτική κάρτα
Kreditna kartica

τσάντα
Torba

πλαστική σακούλα
Plastična vrečka

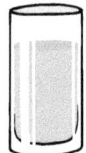

νερό

Voda

χυμός

Sok

γάλα

Mleko

κόκα κόλα

Kola

κρασί

Vino

μπίρα

Pivo

αλκοόλ

Alkohol

κακάο

Kakav

τσάι

Čaj

καφές

Kava

εσπρέσο

Espresso

καπουτσίνο

Kapučino

μπανάνα

Banana

μήλο

Jabolko

πορτοκάλι

Pomaranča

πεπόνι

Lubenica

λεμόνι

Limona

καρότο

Korenje

σκόρδο

Česen

μπαμπού

Bambus

κρεμμύδι

Čebula

μανιτάρι

Goba

ξηροί καρποί

Oreščki

νουντλς

Rezanci

μακαρόνια

Špageti

ρύζι

Riž

σαλάτα

Solata

πατατάκια

Ocvrt krompirček

τηγανητές πατάτες

Pečen krompir

πίτσα

Pica

χάμπουργκερ

Hamburger

σάντουιτς

Sendvič

κοτολέτα

Zrezek

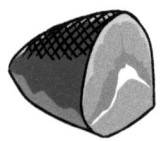

ζαμπόν

Šunka

σαλάμι

Salama

λουκάνικο

Klobasa

κοτόπουλο

Piščanec

ψητό

Pečenka

ψάρι

Riba

χυλός βρώμης

Ovseni kosmiči

μούσλι

Musli

κορν φλέικς

Koruzni kosmiči

αλεύρι

Moka

κρουασάν

Rogljiček

ψωμάκι

Žemlja

ψωμί

Kruh

τοστ

Prepečenec

μπισκότα

Piškoti

βούτυρο

Maslo

τυρόπηγμα

Skuta

κέικ

Torta

αυγό

Jajce

τηγανητό αυγό

Pečeno jajce na oko

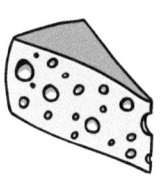

τυρί

Sir

παγωτό

Sladoled

ζάχαρη

Sladkor

μέλι

Med

μαρμελάδα

Marmelada

άλλειμμα σοκολάτας

Čokoladni namaz

κάρυ

Kari

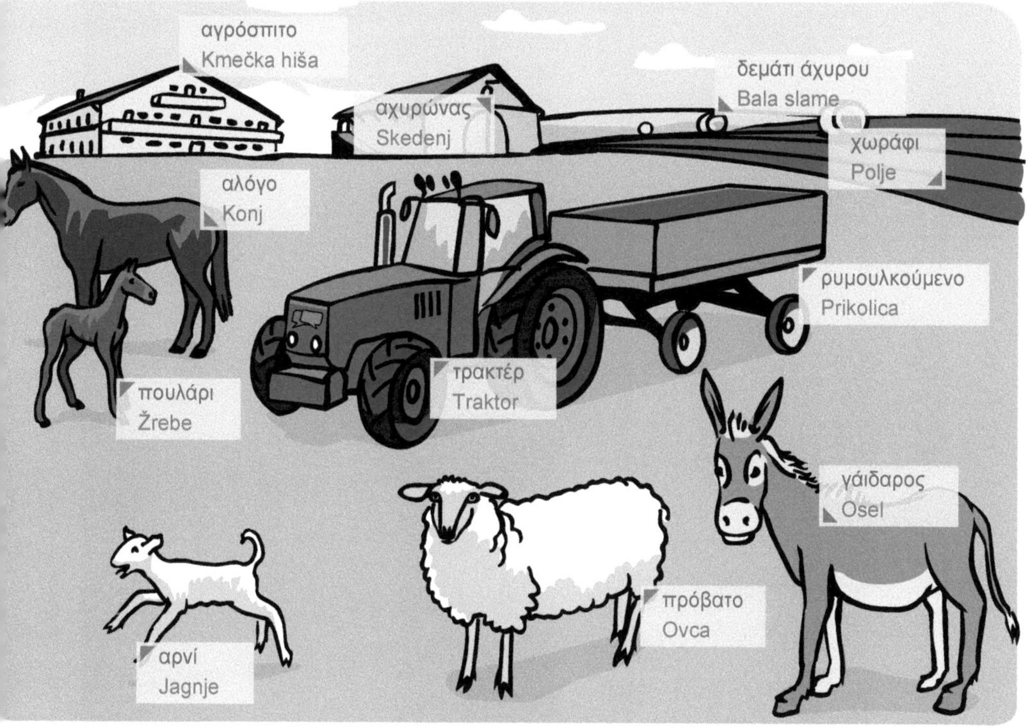

αγρόσπιτο
Kmečka hiša

αχυρώνας
Skedenj

δεμάτι άχυρου
Bala slame

χωράφι
Polje

αλόγο
Konj

ρυμουλκούμενο
Prikolica

πουλάρι
Žrebe

τρακτέρ
Traktor

γάιδαρος
Osel

πρόβατο
Ovca

αρνί
Jagnje

κατσίκα

Koza

αγελάδα

Krava

μοσχαράκι

Tele

γουρούνι

Prašič

γουρουνάκι

Pujsek

ταύρος

Bik

χήνα

Gos

πάπια

Raca

κοτοπουλάκι

Piščanec

κότα

Kokoš

κόκορας

Petelin

αρουραίος

Podgana

γάτα

Mačka

ποντίκι

Miš

βόδι

Vol

σκύλος

Pes

σπιτάκι σκύλου

Pasja uta

λάστιχο κήπου

Cev za zalivanje

ποτιστήρι

Kangla za zalivanje

θεριστήρι

Kosa

αλέτρι

Plug

δρεπάνι
Srp

τσάπα
Motika

δίκρανο
Vile

τσεκούρι
Sekira

χειράμαξα
Samokolnica

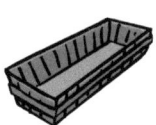
ταΐστρα
Korito

δοχείο γάλακτος
Kangla za mleko

σάκος
Vreča

φράχτης
Ograja

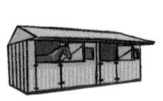
στάβλος
Hlev

θερμοκήπιο
Rastlinjak

έδαφος
Prst

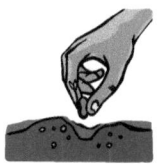
σπόρος
Seme

λίπασμα
Gnojilo

θεριζοαλωνιστική μηχανή
Kombajn

θερίζω

Žeti

συγκομιδή

Žetev

γιαμς

Jam

σιτάρι

Pšenica

σόγια

Soja

πατάτα

Krompir

καλαμπόκι

Koruza

κράμβη

Oljna ogrščica

οπωροφόρο δέντρο

Sadno drevo

μανιόκα

Maniok

δημητριακά

Žito

σπίτι
Hiša

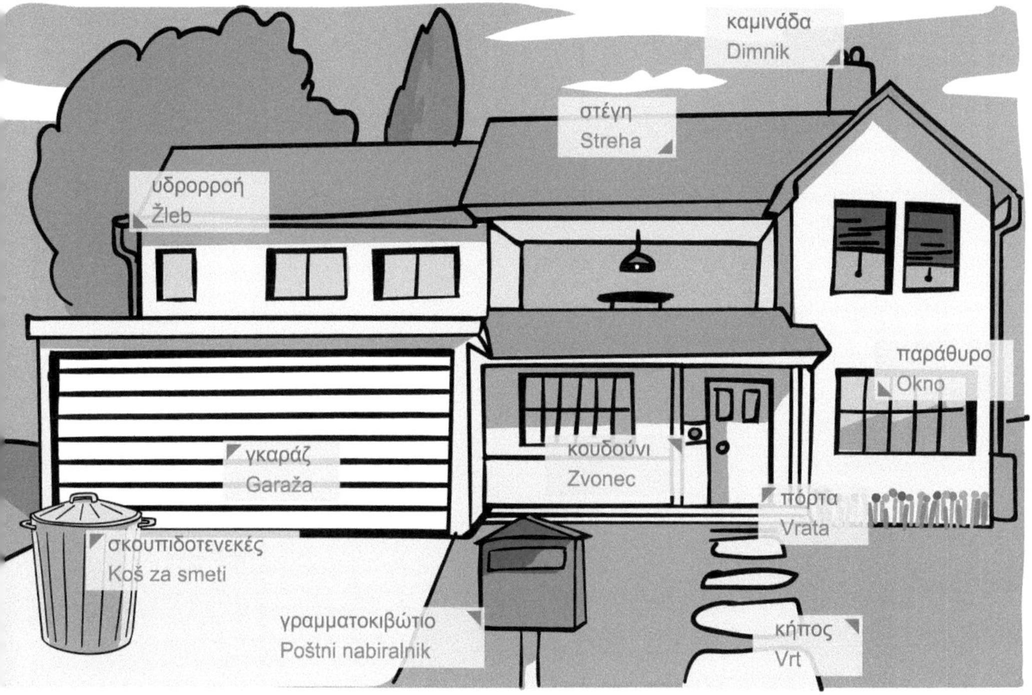
καμινάδα
Dimnik
στέγη
Streha
υδρορροή
Žleb
παράθυρο
Okno
γκαράζ
Garaža
κουδούνι
Zvonec
πόρτα
Vrata
σκουπιδοτενεκές
Koš za smeti
γραμματοκιβώτιο
Poštni nabiralnik
κήπος
Vrt

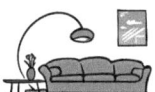

σαλόνι

Dnevna soba

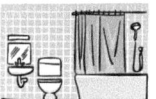

μπάνιο

Kopalnica

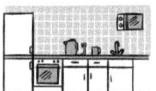

κουζίνα

Kuhinja

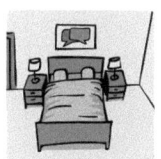

υπνοδωμάτιο

Spalnica

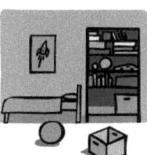

παιδικό δωμάτιο

Otroška soba

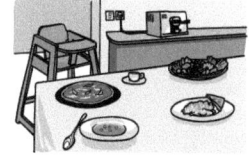

τραπεζαρία

Jedilnica

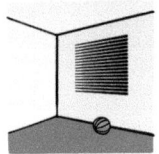

πάτωμα
Tla

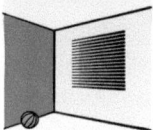

τοίχος
Stena

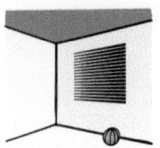

οροφή
Strop

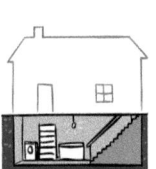

κελάρι
Klet

σάουνα
Savna

μπαλκόνι
Balkon

βεράντα
Terasa

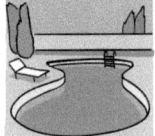

πισίνα
Bazen

μηχανή του γκαζόν
Kosilnica

σεντόνι
Rjuha

κάλυμμα κρεβατιού
Posteljno pregrinjalo

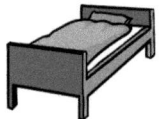

κρεβάτι
Postelja

σκούπα
Metla

κουβάς
Vedro

διακόπτης
Stikalo

σαλόνι

Dnevna soba

ταπετσαρία
Tapeta
φωτογραφία
Slika
λάμπα
Svetilka
ράφι
Polica
ντουλάπι
Omara
τηλεόραση
Televizor
τζάκι
Kamin
λουλούδι
Cvetlica
μαξιλάρι
Blazina
καναπές
Zofa
βάζο
Vaza
τηλεκοντρόλ
Daljinski upravljalnik

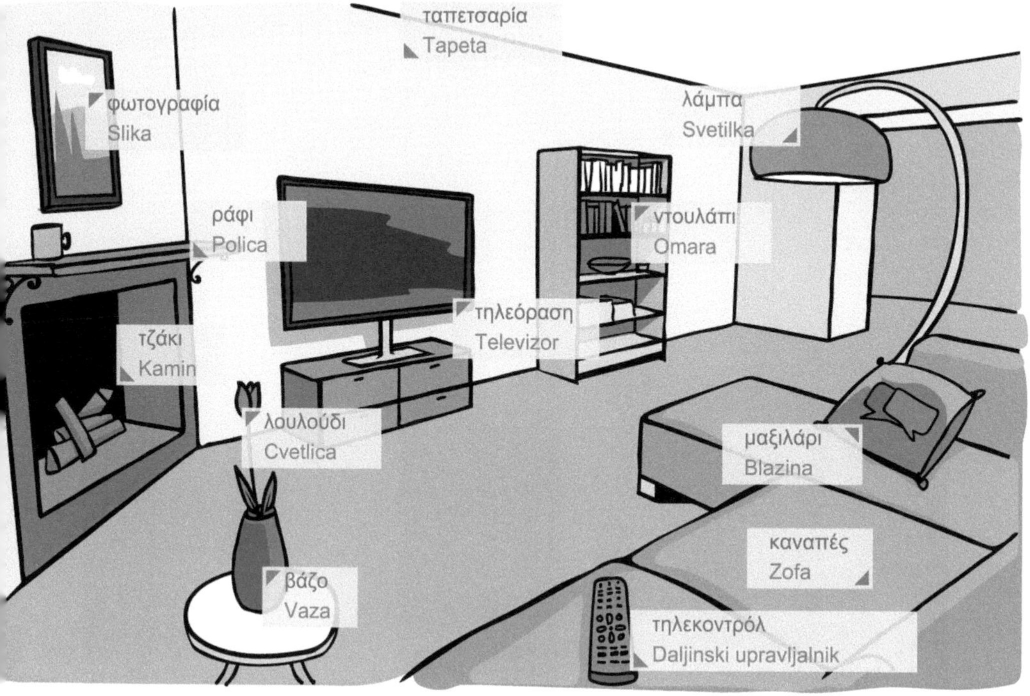

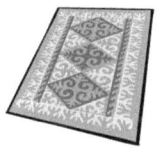

χαλί

Preproga

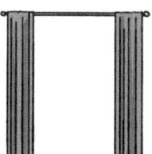

κουρτίνα

Zavesa

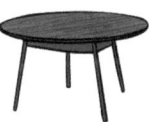

τραπέζι

Miza

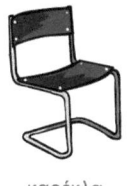

καρέκλα

Stol

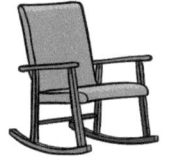

κουνιστή πολυθρόνα

Gugalnik

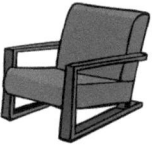

πολυθρόνα

Naslanjač

βιβλίο

Knjiga

κουβέρτα

Odeja

διακόσμηση

Dekoracija

καυσόξυλα

Drva

ταινία

Film

στερεοφωνικό σύστημα

Glasbeni stolp

κλειδί

Ključ

εφημερίδα

Časopis

πίνακας ζωγραφικής

Slika

αφίσα

Plakat

ραδιόφωνο

Radio

σημειωματάριο

Beležka

ηλεκτρική σκούπα

Sesalnik

κάκτος

Kaktus

κερί

Sveča

κουζίνα
Kuhinja

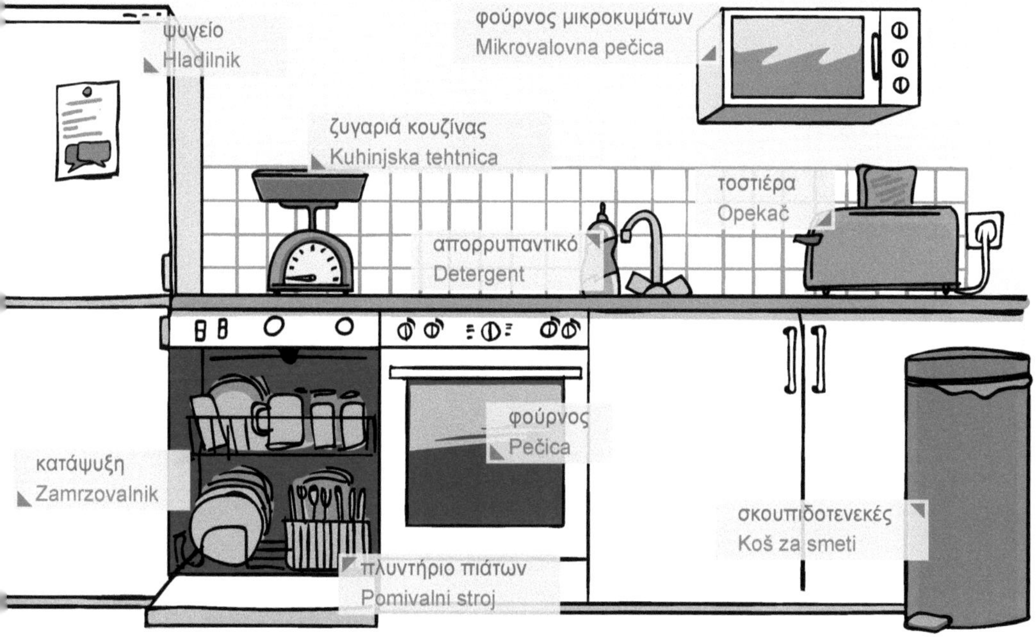
ψυγείο
Hladilnik
φούρνος μικροκυμάτων
Mikrovalovna pečica
ζυγαριά κουζίνας
Kuhinjska tehtnica
τοστιέρα
Opekač
απορρυπαντικό
Detergent
φούρνος
Pečica
κατάψυξη
Zamrzovalnik
σκουπιδοτενεκές
Koš za smeti
πλυντήριο πιάτων
Pomivalni stroj

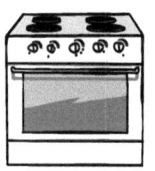

κουζίνα

Kozica

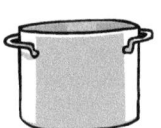

κατσαρόλα

Lonec

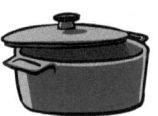

μαντεμένια κατσαρόλα

Litoželezni lonec

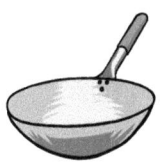

γουόκ/καντάι

Vok / kadai

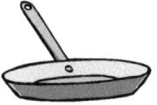

τηγάνι

Ponev

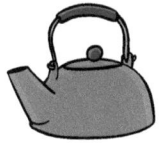

βραστήρας

Kotliček

ατμομάγειρας

Parni kuhalnik

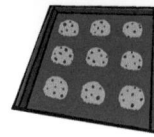

ταψί

Pekač

πιατικά

Posoda

κούπα

Skodelica

μπολ

Skleda

ξυλάκια

Jedilne paličice

κουτάλα

Zajemalka

σπάτουλα

Lopatica

ανακατεύω

Metlica

σουρωτήρι

Cedilnik

σουρωτηράκι

Cedilo

τρίφτης

Strgalo

γουδί

Možnar

ψησταριά

Žar

ανοιχτή φωτιά

Ognjišče

σανίδα κοπής

Deska za rezanje

πλάστης

Valjar

ανοιχτήρι φελλών

Odpirač za steklenice

κονσέρβα

Pločevinka

ανοιχτήρι κονσέρβας

Odpirač za konzerve

γάντι φούρνου

Prijemalka za posodo

νεροχύτης

Korito

βούρτσα

Ščetka

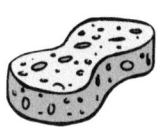

σφουγγάρι

Goba

μπλέντερ

Mešalnik

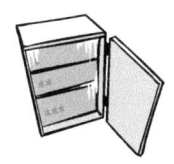

καταψύκτης

Zamrzovalna skrinja

μπιμπερό

Steklenička

βρύση

Pipa

μπάνιο
Kopalnica

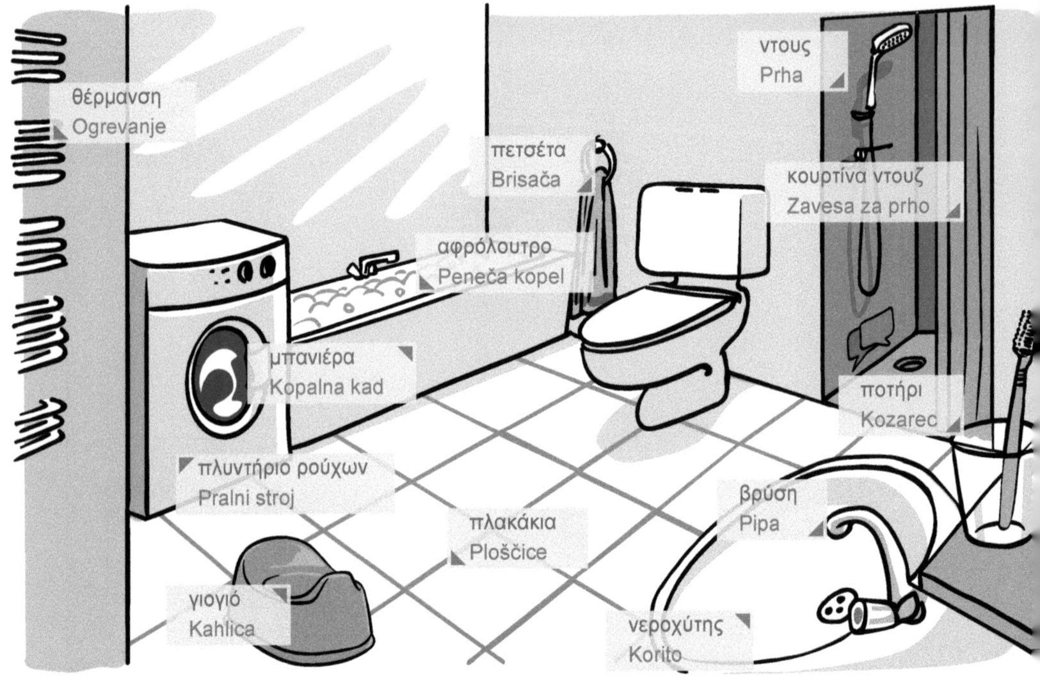
θέρμανση
Ogrevanje
ντους
Prha
πετσέτα
Brisača
κουρτίνα ντουζ
Zavesa za prho
αφρόλουτρο
Peneča kopel
μπανιέρα
Kopalna kad
ποτήρι
Kozarec
πλυντήριο ρούχων
Pralni stroj
βρύση
Pipa
πλακάκια
Ploščice
γιογιό
Kahlica
νεροχύτης
Korito

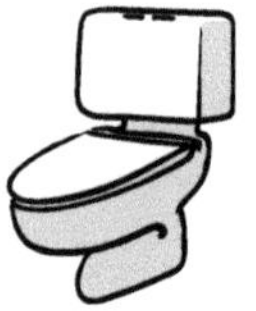

τουαλέτα

Stranišče

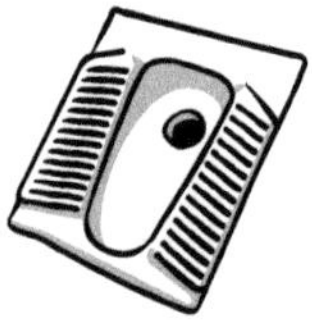

τούρκικη τουαλέτα

Stranišče na počep

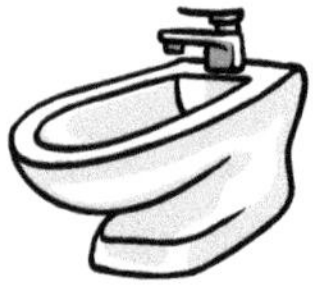

μπιντές

Bide

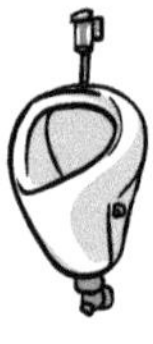

ουρητήριο

Pisoar

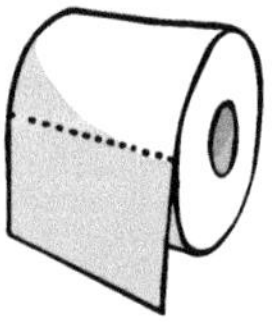

χαρτί υγείας

Toaletni papir

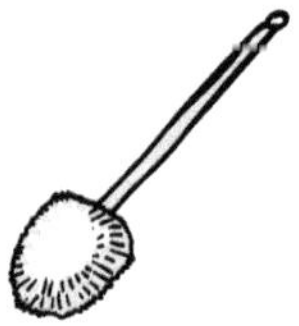

πιγκάλ

Ščetka za straniščno školjko

οδοντόβουρτσα

Zobna ščetka

οδοντόκρεμα

Zobna pasta

οδοντικό νήμα

Zobna nitka

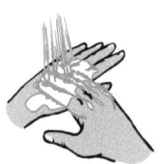

πλένω

Umiti se

τηλέφωνο ντους

Ročna prha

ντουσιέρα

Prha za intimne dele

λεκάνη

Umivalnik

βούρτσα πλάτης

Krtača za hrbet

σαπούνι

Milo

αφρόλουτρο

Gel za prhanje

σαμπουάν

Šampon

φανέλα

Krpica za miljenje

σιφόνι

Odtok

κρέμα

Krema

αποσμητικό

Deodorant

καθρέφτης

Ogledalo

καθρέφτης χειρός

Ročno ogledalo

ξυραφάκι

Britvica

αφρός ξυρίσματος

Pena za britje

αφτερσέιβ

Vodica po britju

χτένα

Glavnik

βούρτσα

Ščetka

σεσουάρ

Sušilnik za lase

λακ

Lak za lase

μακιγιάζ

Ličila

κραγιόν

Šminka

βερνίκι νυχιών

Lak za nohte

βαμβάκι

Vatirane blazinice

ψαλίδι νυχιών

Škarjice za nohte

άρωμα

Parfum

νεσεσέρ

Toaletna torbica

σκαμπό

Stol brez naslonjala

ζυγαριά

Osebna tehtnica

μπουρνούζι

Kopalni plašč

ελαστικά γάντια

Gumijaste rokavice

ταμπόν

Tampon

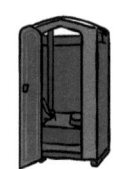

πετσέτα υγιεινής

Damski vložki

χημική τουαλέτα

Kemično stranišče

παιδικό δωμάτιο

Otroška soba

ξυπνητήρι
Budilka
λούτρινο ζωάκι
Plišasta igrača
αυτοκινητάκι
Avtomobilček
κουδουνίστρα
Ropotuljica
κουκλόσπιτο
Hiška za punčke
δώρο
Darilo

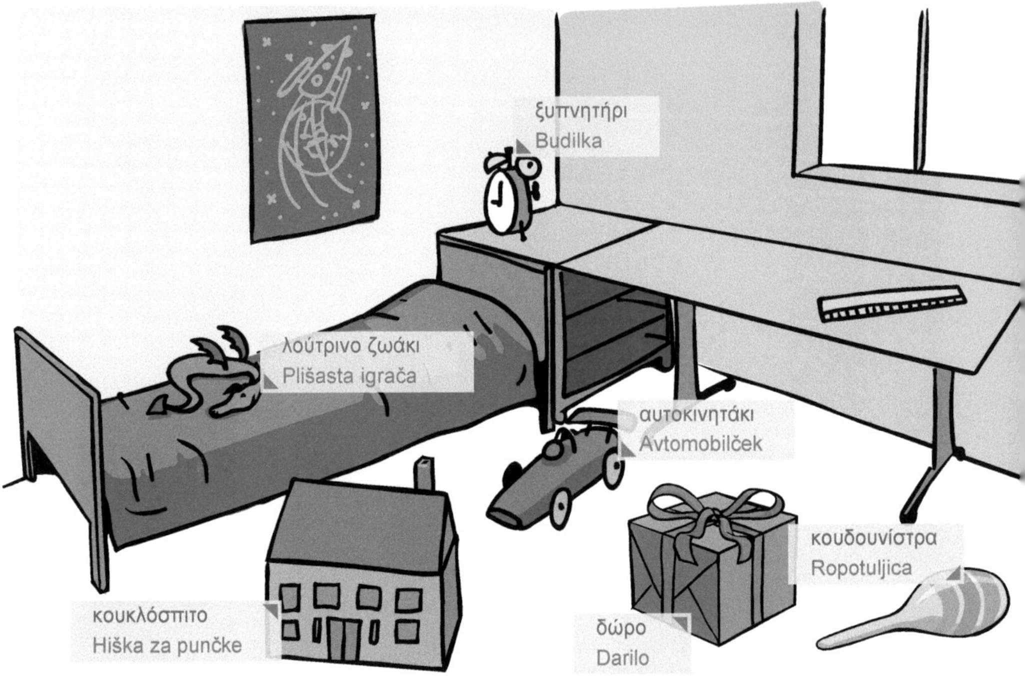

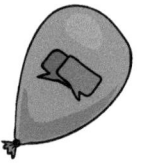

μπαλόνι

Balon

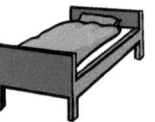

κρεβάτι

Postelja

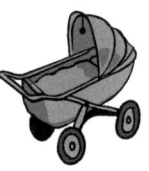

καροτσάκι

Otroški voziček

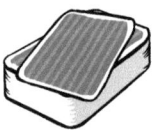

τράπουλα

Igralne karte

παζλ

Sestavljanka

SUPER
MEGA

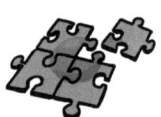

κόμικς

Strip

τουβλάκια lego

Lego kocke

τουβλάκια κατασκευών

Igralne kocke

φιγούρα δράσης

Akcijska figura

βρεφικό φορμάκι

Bodi

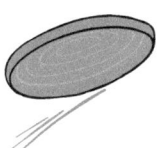

φρίσμπι

Frizbi

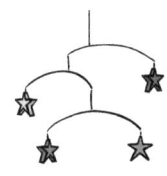

μόμπιλο

Vrtiljak za posteljico

επιτραπέζιο παιχνίδι

Namizna igra

ζάρια

Kocka

σετ τρενάκι

Komplet modelov vlakov

πιπίλα

Duda

πάρτι

Zabava

εικονογραφημένο βιβλίο

Slikanica

μπάλα

Žoga

κούκλα

Lutka

παίζω

Igrati se

σκάμμα με άμμο

Peskovnik

κούνια

Gugalnica

παιχνίδια

Igrače

κονσόλα βιντεοπαιχνιδιών

Igralna konzola

τρίκυκλο

Tricikel

αρκουδάκι

Plišasti medvedek

ντουλάπα

Garderoba

ρούχα
Oblačilo

κάλτσες

Nogavice

καλτσοδέτες

Samostoječe nogavice

καλσόν

Hlačne nogavice

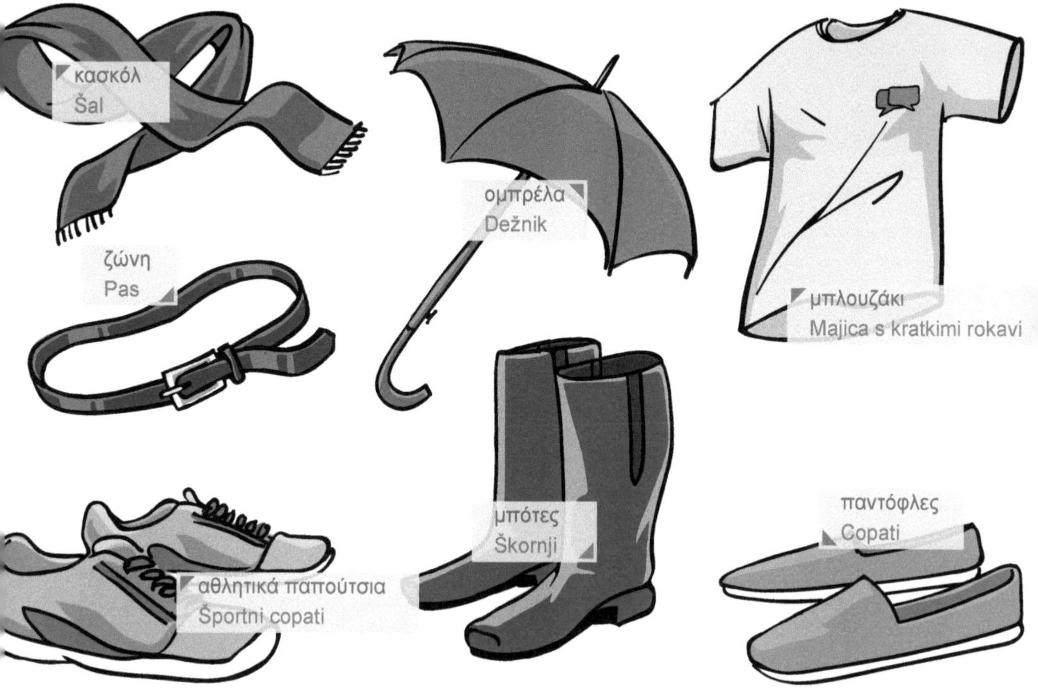

κασκόλ
Šal

ζώνη
Pas

ομπρέλα
Dežnik

μπλουζάκι
Majica s kratkimi rokavi

αθλητικά παπούτσια
Športni copati

μπότες
Škornji

παντόφλες
Copati

σανδάλια
....
Sandali

παπούτσια
....
Čevlji

γαλότσες
....
Gumijasti škornji

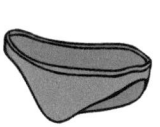

εσώρουχο
....
Spodnje hlače

σουτιέν
....
Modrček

φανέλα
....
Telovnik

σώμα

Bodi

παντελόνι

Hlače

τζιν παντελόνι

Kavbojke

φούστα

Krilo

μπλούζα

Bluza

πουκάμισο

Srajca

πουλόβερ

Pulover

πουλόβερ

Pletena jopica

σακάκι

Jopa

μπουφάν

Jakna

παλτό

Plašč

αδιάβροχο πανωφόρι

Dežni plašč

κοστούμι

Kostim

φόρεμα

Obleka

νυφικό

Poročna obleka

κοστούμι

Obleka

νυχτικό

Spalna srajca

πιτζάμες

Pižama

σάρι

Sari

μαντήλι

Naglavna ruta

τουρμπάνι

Turban

μπούρκα

Burka

καφτάνι

Kaftan

μουσουλμανικό ένδυμα

Abaja

ολόσωμο μαγιό

Kopalke

ανδρικό μαγιό

Kopalne hlače

σορτς

Kratke hlače

αθλητική φόρμα

Trenirka

ποδιά

Predpasnik

γάντια

Rokavice

κουμπί

Gumb

γυαλιά

Očala

βραχιόλι

Zapestnica

περιδέραιο

Verižica

δαχτυλίδι

Prstan

σκουλαρίκι

Uhan

καπέλο

Kapa

κρεμάστρα

Obešalnik

καπέλο

Klobuk

γραβάτα

Kravata

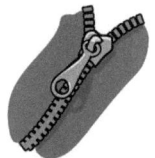

φερμουάρ

Zadrga

κράνος

Čelada

τιράντες

Naramnice

μαθητική στολή

Šolska uniforma

στολή

Uniforma

σαλιάρα
Slinček

πιπίλα
Duda

πάνα
Plenica

γραφείο
Pisarna

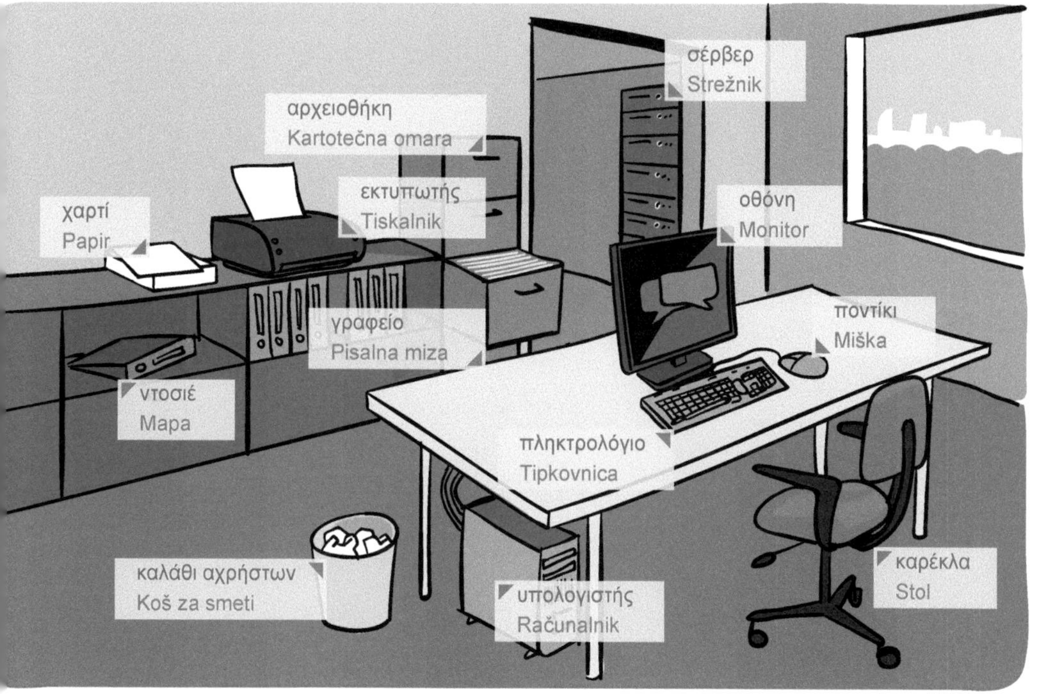

σέρβερ
Strežnik

αρχειοθήκη
Kartotečna omara

εκτυπωτής
Tiskalnik

οθόνη
Monitor

χαρτί
Papir

γραφείο
Pisalna miza

ποντίκι
Miška

ντοσιέ
Mapa

πληκτρολόγιο
Tipkovnica

καλάθι αχρήστων
Koš za smeti

υπολόγιστής
Računalnik

καρέκλα
Stol

κούπα του καφέ
Lonček za kavo

κομπιουτεράκι
Kalkulator

ίντερνετ
Internet

λάπτοπ

Prenosnik

γράμμα

Pismo

μήνυμα

Sporočilo

κινητό

Mobilnik

δίκτυο

Omrežje

φωτοτυπικό μηχάνημα

Kopirni stroj

λογισμικό

Programska oprema

τηλέφωνο

Telefon

πρίζα

Vtičnica

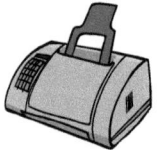

συσκευή φαξ

Telefaks

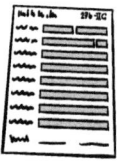

έντυπο

Obrazec

έγγραφο

Dokument

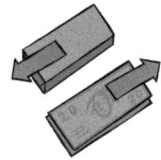

αγοράζω

Kupiti

πληρώνω

Plačati

συναλλάσσομαι

Trgovati

χρήματα

Denar

δολάριο

Dolar

ευρώ

Evro

γιεν

Jen

ρούβλι

Rubelj

ελβετικό φράγκο

Švičarski frank

ρενμίνμπι γιουάν

Kitajski juan renminbi

ρουπία

Rupija

ATM (αυτόματη ταμειακή μηχανή)

Bankomat

ανταλλακτήρια
συναλλάγματος

Menjalnica

χρυσός

Zlato

ασήμι

Srebro

πετρέλαιο

Nafta

ενέργεια

Energija

τιμή

Cena

συμβόλαιο

Pogodba

φόρος

Davek

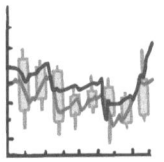

μετοχή

Delnice

δουλεύω

Delati

υπάλληλος

Delojemalec

εργοδότης

Delodajalec

εργοστάσιο

Tovarna

κατάστημα

Trgovina

αστυνόμος
Policist

πυροσβέστης
Gasilec

μάγειρας
Kuhar

γιατρός
Zdravnik

πιλότος
Pilot

κηπουρός

Vrtnar

ξυλουργός

Mizar

μοδίστρα

Šivilja

δικαστής

Sodnik

χημικός

Kemik

ηθοποιός

Igralec

οδηγός λεωφορείου

Voznik avtobusa

ταξιτζής

Taksist

ψαράς

Ribič

καθαρίστρια

Čistilka

τεχνίτης στεγών

Krovec

σερβιτόρος

Natakar

κυνηγός

Lovec

ζωγράφος

Pleskar

αρτοποιός

Pek

ηλεκτρολόγος

Električar

οικοδόμος

Gradbenik

μηχανολόγος

Inženir

κρεοπώλης

Mesar

υδραυλικός

Vodovodni inštalater

ταχυδρόμος

Poštar

στρατιώτης

Vojak

αρχιτέκτονας

Arhitekt

ταμίας

Blagajnik

ανθοπώλης

Cvetličar

κομμωτής

Frizer

ελεγκτής εισιτηρίων

Sprevodnik

μηχανικός

Mehanik

καπετάνιος

Kapitan

οδοντίατρος

Zobozdravnik

επιστήμονας

Znanstvenik

ραβίνος

Rabin

ιμάμης

Imam

μοναχός

Menih

ιερέας

Duhovnik

εργαλεία
Orodje

σφυρί
Kladivo
πένσα
Klešče
κατσαβίδι
Izvijač
φακός
Žepna svetilka
Γαλλικό κλειδί
Vijačni ključ

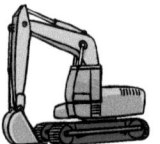

εκσκαφέας

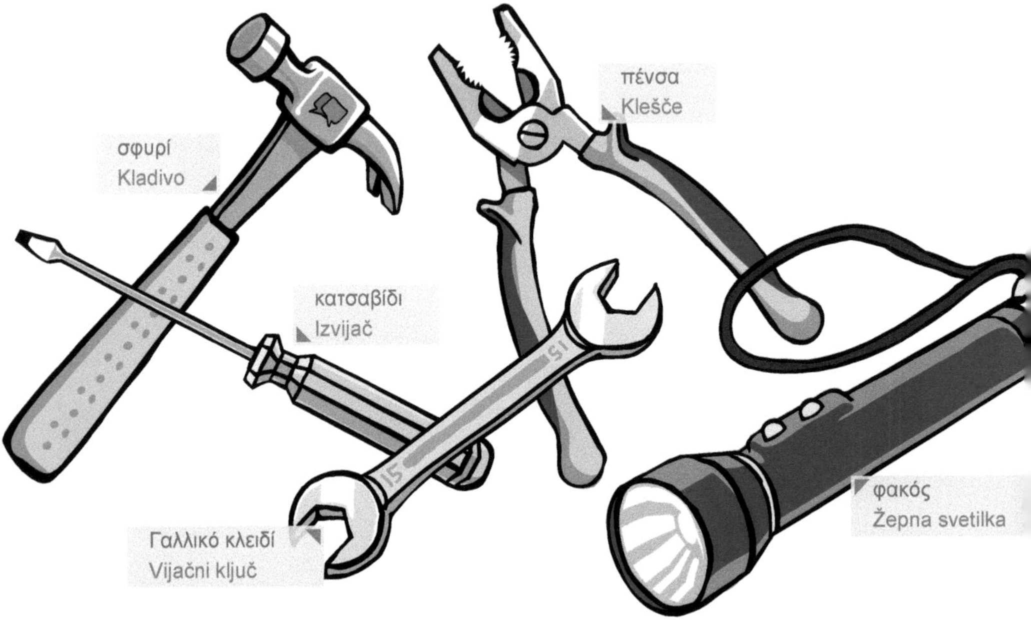

Bager

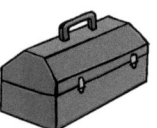

εργαλειοθήκη

Zaboj z orodjem

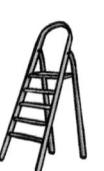

σκάλα

Lestev

πριόνι

Žaga

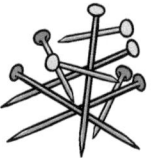

καρφιά

Žeblji

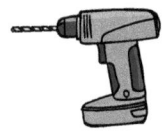

τρυπάνι

Vrtalnik

επισκευάζω

Popraviti

φτυάρι

Lopata

Να πάρει!

Šment!

φαράσι

Smetišnica

δοχείο χρωμάτων

Posoda z barvo

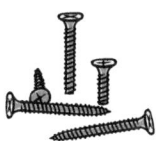

βίδες

Vijaki

μουσικά όργανα
Glasbeni instrument

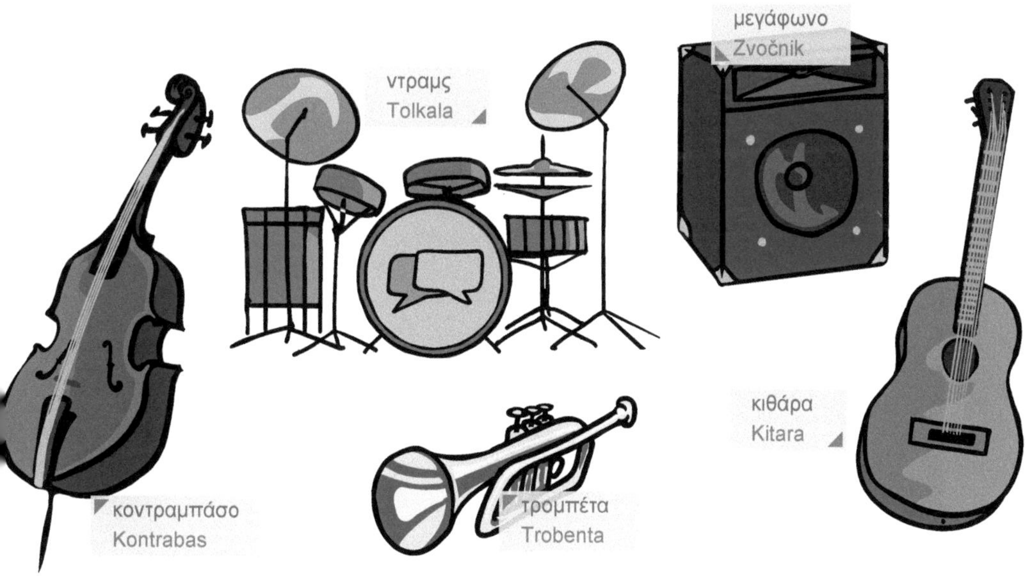

ντραμς
Tolkala

μεγάφωνο
Zvočnik

κιθάρα
Kitara

κοντραμπάσο
Kontrabas

τρομπέτα
Trobenta

πιάνο

Klavir

βιολί

Violina

μπάσο

Bas kitara

τύμπανα

Pavke

τύμπανο

Bobni

πλήκτρα

Sintetizator

σαξόφωνο

Saksofon

φλάουτο

Flavta

μικρόφωνο

Mikrofon

μουσικά όργανα - Glasbeni instrument

ζωολογικός κήπος
Živalski vrt

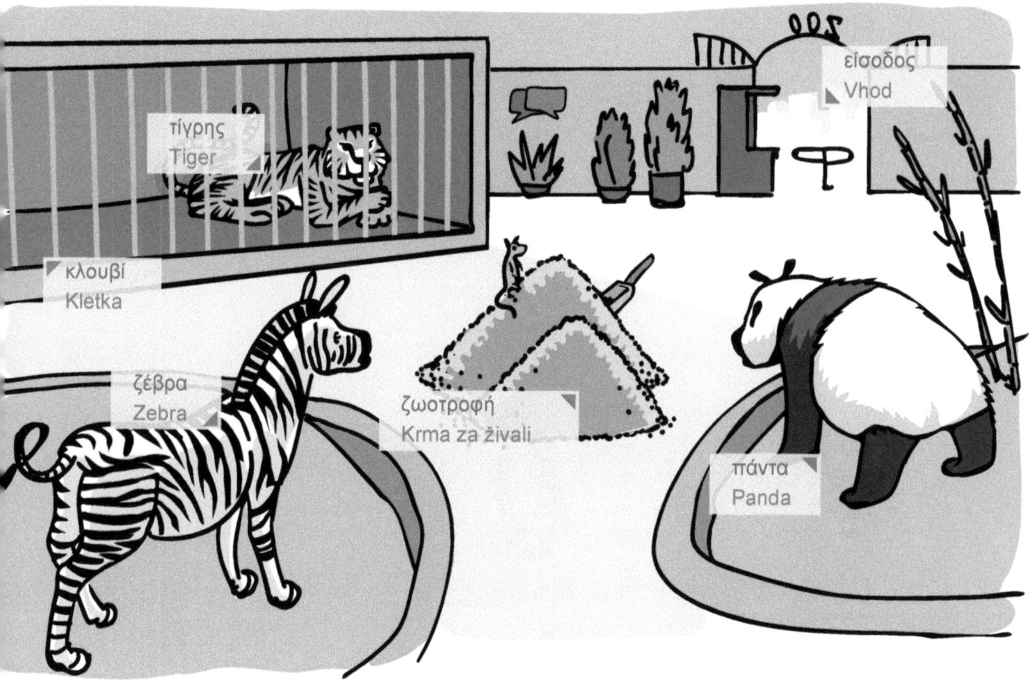

είσοδος
Vhod
τίγρης
Tiger
κλουβί
Kletka
ζέβρα
Zebra
ζωοτροφή
Krma za živali
πάντα
Panda

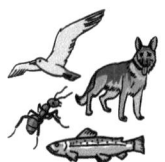

ζώα

Živali

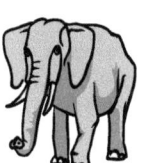

ελέφαντας

Slon

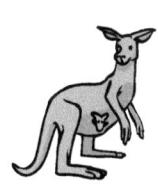

καγκουρό

Kenguru

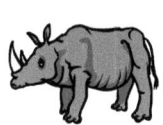

ρινόκερος

Nosorog

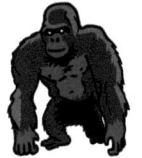

γορίλας

Gorila

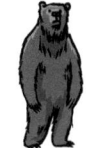

αρκούδα

Medved

καμήλα

Kamela

στρουθοκάμηλος

Noj

λιοντάρι

Lev

πίθηκος

Opica

φλαμίνγκο

Plamenec

παπαγάλος

Papagaj

πολική αρκούδα

Severni medved

πιγκουίνος

Pingvin

καρχαρίας

Morski pes

παγώνι

Pav

φίδι

Kača

κροκόδειλος

Krokodil

φύλακας ζωολογικού κήπου

Oskrbnik v živalskem vrtu

φώκια

Tjulenj

τζάγκουαρ

Jaguar

πόνυ

Poni

λεοπάρδαλη

Leopard

ιπποπόταμος

Povodni konj

καμηλοπάρδαλη

Žirafa

αετός

Orel

αγριογούρουνο

Divji prašič

ψάρι

Riba

χελώνα

Želva

θαλάσσιος ίππος

Mrož

αλεπού

Lisica

γαζέλα

Gazela

Αμερικάνικο ποδόσφαιρο
Ameriški nogomet

ποδηλασία
Kolesarjenje

αντισφαίριση
Tenis

μπάσκετ
Košarka

κολύμβηση
Plavanje

πυγχαμία
Boks

χόκεϋ επί πάγου
Hokej

ποδόσφαιρο
Nogomet

μπάντμιντον
Badminton

στίβος
Atletika

χάντμπολ
Rokomet

σκι
Smučanje

πόλο
Polo

δραστηριότητες
Dejavnosti

γελάω
Smejati se
πηδάω
Skočiti
αγκαλιάζω
Objeti
περπατάω
Hoditi
τραγουδάω
Peti
ονειρεύομαι
Sanjati
προσεύχομαι
Moliti
φιλάω
Poljubiti

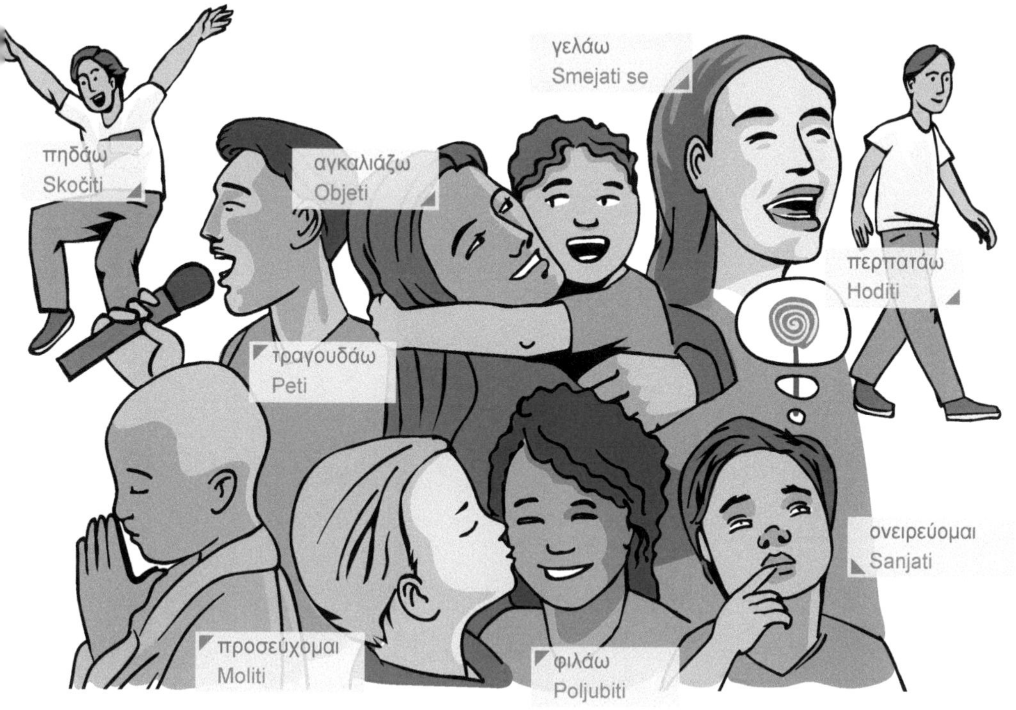

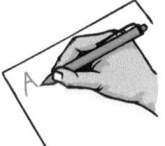

γράφω

Pisati

σχεδιάζω

Risati

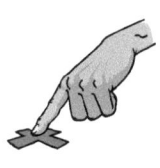

δείχνω

Pokazati

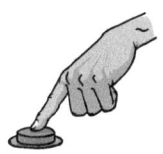

πιέζω

Potisniti

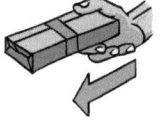

δίνω

Dati

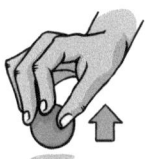

παίρνω

Vzeti

έχω

Imeti

κάνω

Narediti

είμαι

Biti

στέκομαι

Stati

τρέχω

Teči

τραβάω

Vleči

ρίχνω

Vreči

πέφτω

Pasti

ξαπλώνω

Ležati

περιμένω

Čakati

κουβαλώ

Nositi

κάθομαι

Sedeti

φοράω

Obleči se

κοιμάμαι

Spati

ξυπνάω

Zbuditi se

κοιτάω

Gledati

κλαίω

Jokati

χαϊδεύω

Božati

χτενίζω

Česati se

μιλάω

Govoriti

καταλαβαίνω

Razumeti

ρωτάω

Vprašati

ακούω

Poslušati

πίνω

Piti

τρώω

Jesti

συγυρίζω

Pospraviti

αγαπάω

Ljubiti

μαγειρεύω

Kuhati

οδηγώ

Voziti

πετάω

Leteti

κάνω ιστιοπλοΐα

Jadrati

υπολογίζω

Računanje

διαβάζω

Brati

μαθαίνω

Učiti se

δουλεύω

Delati

παντρεύομαι

Poročiti se

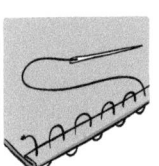

ράβω

Šivati

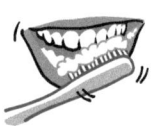

βουρτσίζω τα δόντια

Ščetkati si zobe

σκοτώνω

Ubiti

καπνίζω

Kaditi

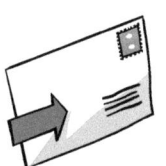

στέλνω

Poslati

γιαγιά
Stara mati

παππούς
Stari oče

πατέρας
Oče

μητέρα
Mati

μωρό
Dojenček

κόρη
Hči

γιος
Sin

καλεσμένος
Gost

θεία
Teta

θείος
Stric

αδελφός
Brat

αδελφή
Sestra

σώμα

Telo

μέτωπο
Čelo
μάτι
Oko
ώμος
Rama
δάχτυλο
Prst
πρόσωπο
Obraz
πιγούνι
Brada
χέρι
Dlan
πόδι
Noga
στήθος
Prsi
βραχίονας
Roka

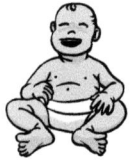

μωρό

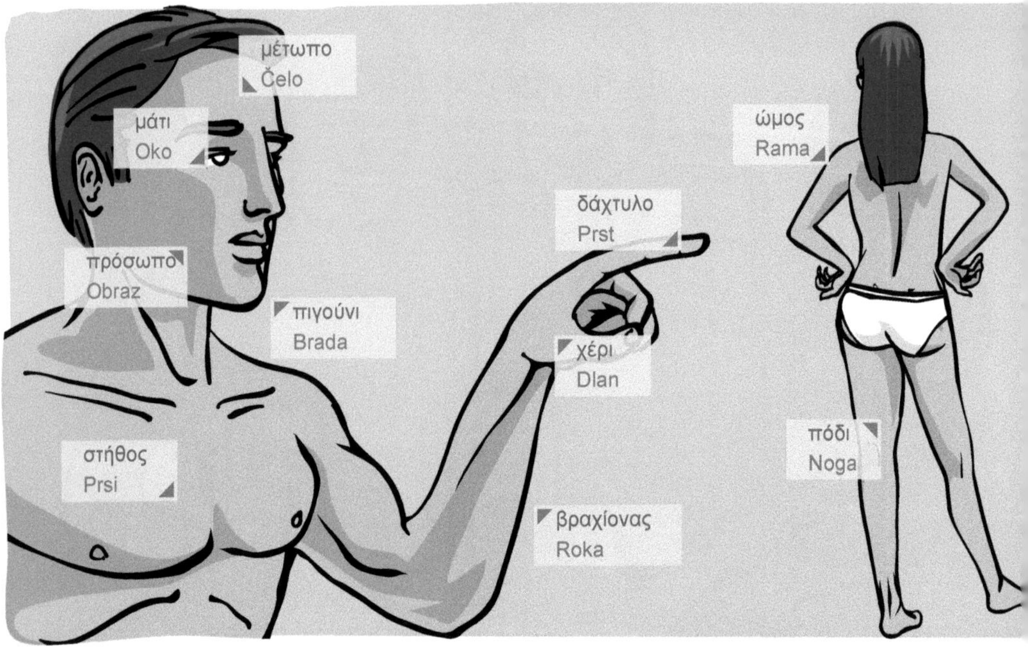

Dojenček

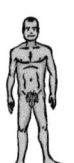

άνδρας

Človek

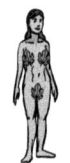

γυναίκα

Ženska

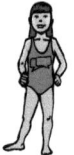

κορίτσι

Dekle

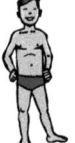

αγόρι

Fant

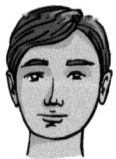

κεφάλι

Glava

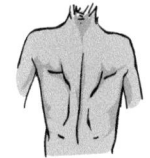

πλάτη

Hrbet

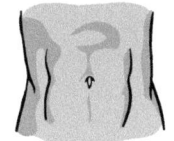

κοιλιά

Trebuh

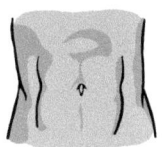

αφαλός

Popek

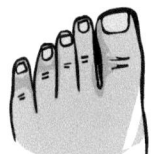

δάχτυλο ποδιού

Prst na nogi

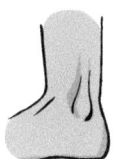

φτέρνα

Peta

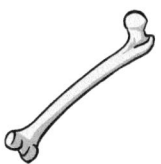

κόκκαλο

Kost

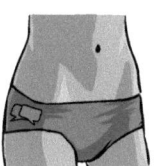

γοφός

Kolk

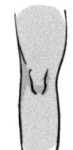

γόνατο

Koleno

αγκώνας

Komolec

μύτη

Nos

γλουτός

Zadnjica

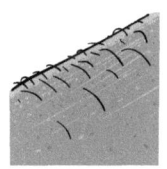

δέρμα

Koža

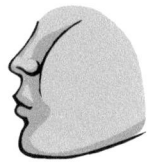

μάγουλο

Lice

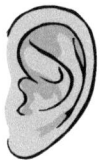

αυτί

Uho

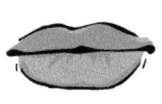

χείλος

Ustnica

στόμα

Usta

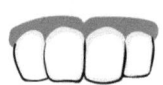

δόντι

Zob

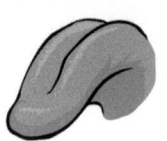

γλώσσα

Jezik

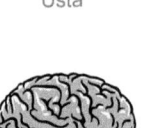

εγκέφαλος

Možgani

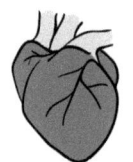

καρδιά

Srce

μυς

Mišica

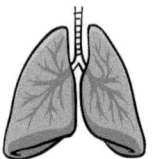

πνεύμονας

Pljuča

συκώτι

Jetra

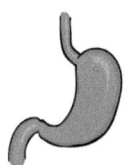

στομάχι

Želodec

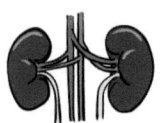

νεφρά

Ledvice

σεξουαλική επαφή

Spolni odnos

προφυλακτικό

Kondom

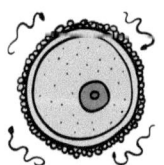

ωάριο

Jajčece

σπέρμα

Semenska tekočina

εγκυμοσύνη

Nosečnost

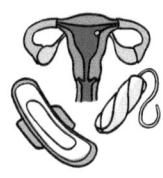

περίοδος

Menstruacija

γυναικείος κόλπος

Vagina

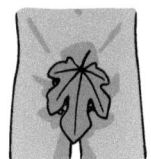

πέος

Penis

φρύδι

Obrv

μαλλιά

Lasje

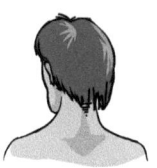

λαιμός

Vrat

νοσοκομείο

Bolnišnica

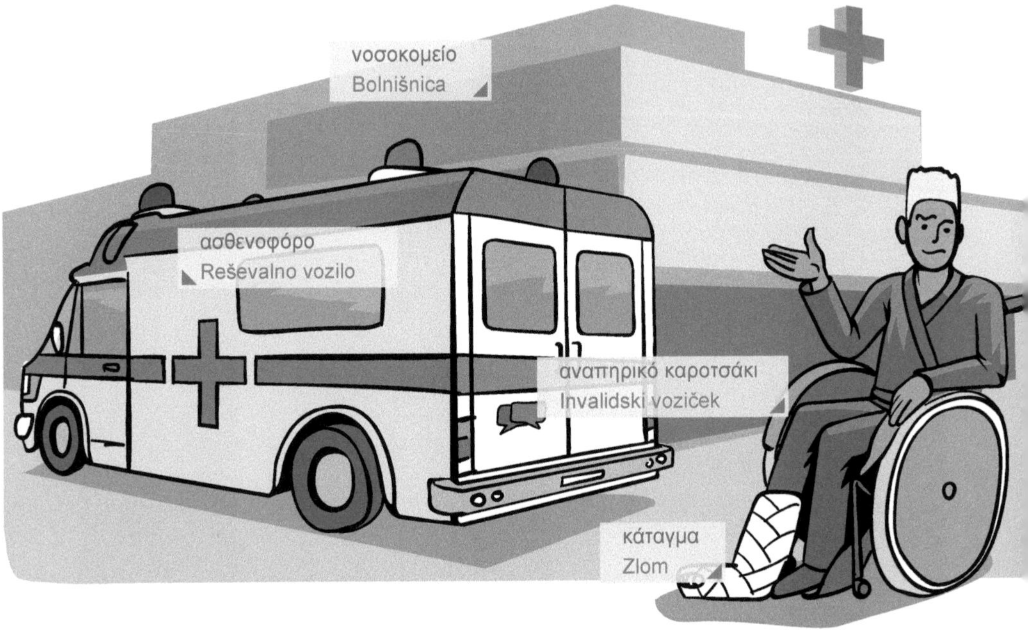

νοσοκομείο
Bolnišnica
ασθενοφόρο
Reševalno vozilo
αναπηρικό καροτσάκι
Invalidski voziček
κάταγμα
Zlom

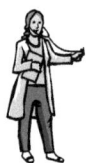

γιατρός

Zdravnik

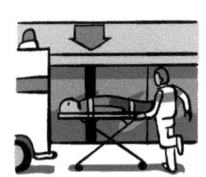

μονάδα εντατικής θεραπείας

Urgenca

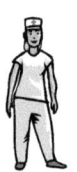

νοσοκόμα

Medicinska sestra

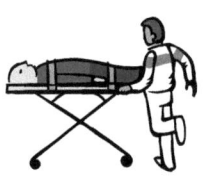

έκτακτη ανάγκη

Nujni primer

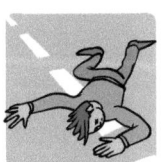

λιπόθυμος

Nezavesten

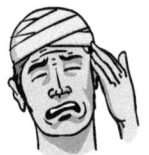

πόνος

Bolečina

τραύμα
Poškodba

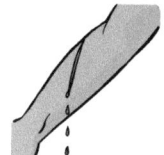

αιμορραγία
Krvavenje

έμφραγμα
Srčni infarkt

εγκεφαλικό
Kap

αλλεργία
Alergija

βήχας
Kašelj

πυρετός
Vročina

γρίπη
Gripa

διάρροια
Driska

πονοκέφαλος
Glavobol

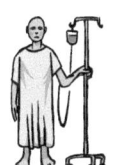

καρκίνος
Rak

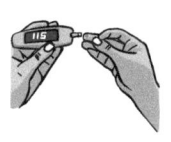

διαβήτης
Sladkorna bolezen

χειρουργός
Kirurg

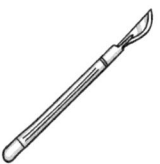

νυστέρι
Skalpel

εγχείρηση
Operacija

αξονική τομογραφία

CT

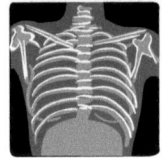

ακτινογραφία

Rentgen

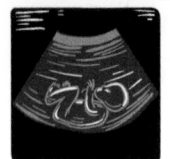

υπέρηχος

Ultrazvok

μάσκα

Obrazna maska

ασθένεια

Bolezen

αίθουσα αναμονής

Čakalnica

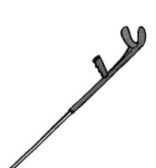

πατερίτσα

Bergla

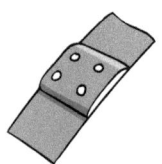

χάνσαπλαστ

Obliž

επίδεσμος

Preveza

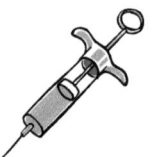

ένεση

Injekcija

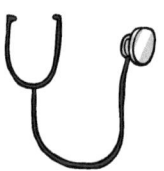

στηθοσκόπιο

Stetoskop

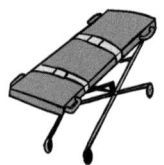

φορείο

Nosila

θερμόμετρο

Klinični termometer

γέννηση

Porod

υπέρβαρο

Prekomerna teža

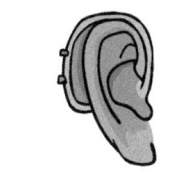

ακουστικό βαρηκοΐας

Slušni pripomoček

αντισηπτικό

Razkužilo

λοίμωξη

Okužba

ιός

Virus

HIV/AIDS

HIV / AIDS

φάρμακο

Medicina

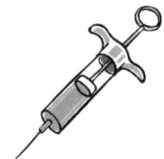

εμβολιασμός

Cepljenje

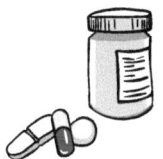

δισκία

Tablete

χάπι

Tableta

κλήση έκτακτης ανάγκης

Klic v sili

πιεσόμετρο αίματος

Merilnik krvnega tlaka

άρρωστος / υγιής

bolano / zdravo

Βοήθεια!

Na pomoč!

συναγερμός

Alarm

βιαιοπραγία

Napad

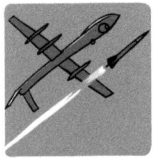

επίθεση

Napad

κίνδυνος

Nevarnost

έξοδος κινδύνου

Izhod v sili

Φωτιά!

Gori!

πυροσβεστήρας

Gasilni aparat

ατύχημα

Nezgoda

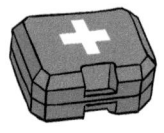

κουτί πρώτων βοηθειών

Komplet za prvo pomoč

SOS

SOS

αστυνομία

Policija

Ευρώπη

Evropa

Βόρεια Αμερική

Severna Amerika

Νότια Αμερική

Južna Amerika

Αφρική

Afrika

Ασία

Azija

Αυστραλία

Avstralija

Ατλαντικός Ωκεανός

Atlantski ocean

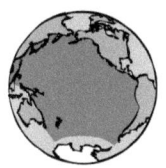

Ειρηνικός Ωκεανός

Tihi ocean

Ινδικός Ωκεανός

Indijski ocean

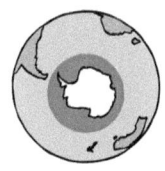

Ανταρκτικός Ωκεανός

Južni ocean

Αρκτικός Ωκεανός

Arktični ocean

Βόρειος Πόλος

Severni tečaj

Νότιος Πόλος

Južni tečaj

Ανταρκτική

Antarktika

Γη

Zemlja

γη

Kopno

θάλασσα

Morje

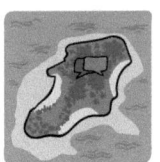

νησί

Otok

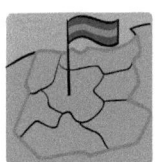

έθνος

Narod

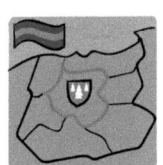

πολιτεία

Država

κατράν ρολογιού

Številčnica

ωροδείκτης

Urni kazalec

λεπτοδείκτης

Minutni kazalec

δείκτης δευτερολέπτων

Sekundni kazalec

Τι ώρα είναι;

Koliko je ura?

ημέρα

Dan

χρόνος

Čas

τώρα

Zdaj

ψηφιακό ρολόι

Digitalna ura

λεπτό

Minuta

ώρα

Ura

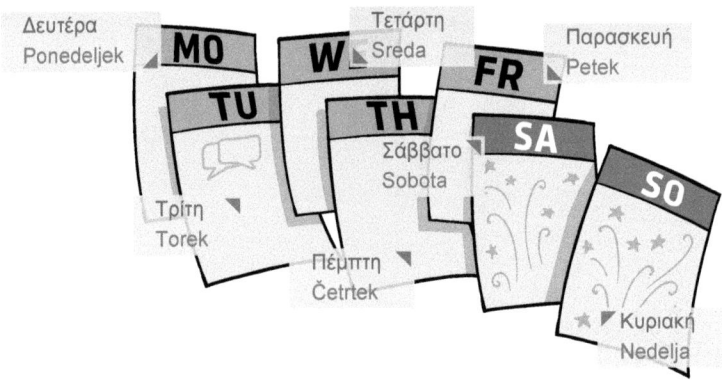

Δευτέρα
Ponedeljek

Τετάρτη
Sreda

Παρασκευή
Petek

Τρίτη
Torek

Σάββατο
Sobota

Πέμπτη
Četrtek

Κυριακή
Nedelja

χθες
....
Včeraj

σήμερα
....
Danes

αύριο
....
Jutri

πρωί
....
Jutro

μεσημέρι
....
Poldne

βράδυ
....
Večer

εργάσιμες ημέρες
....
Delovni dnevi

Σαββατοκύριακο
....
Konec tedna

έτος
Leto

βροχή
Dež
ουράνιο τόξο
Mavrica
άνεμος
Veter
χιόνι
Sneg
άνοιξη
Pomlad
καλοκαίρι
Poletje
φθινόπωρο
Jesen
χειμώνας
Zima

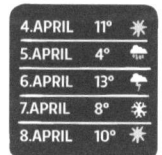

4.APRIL 11°
5.APRIL 4°
6.APRIL 13°
7.APRIL 8°
8.APRIL 10°

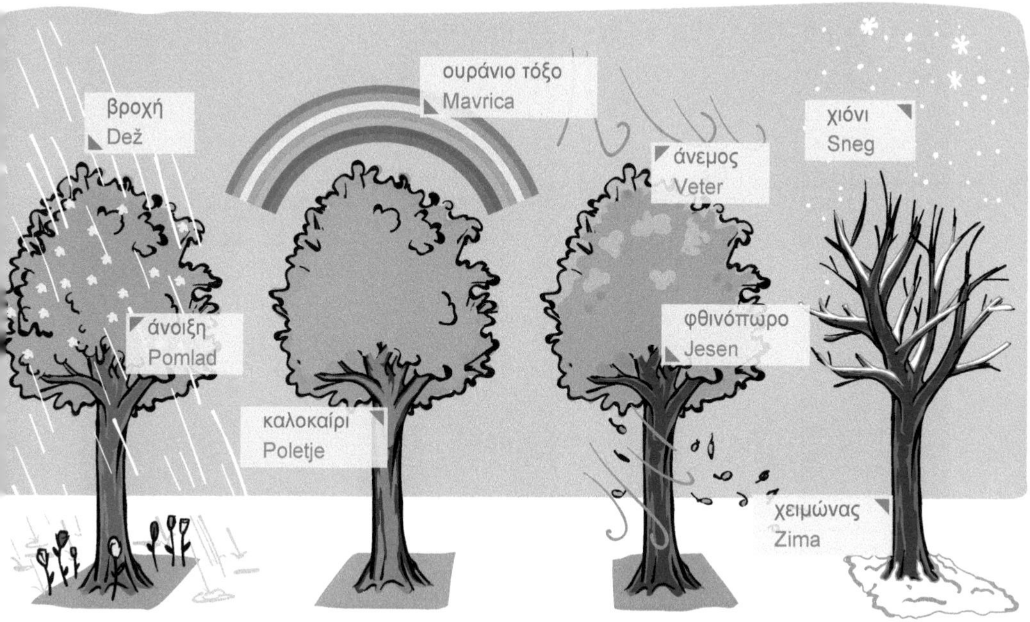

πρόγνωση καιρού

Vremenska napoved

F
C
120
90
60
30
0
-30
40
30
20
10
0
-10
-20

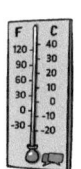

θερμόμετρο

Termometer

λιακάδα

Sončna svetloba

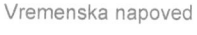

σύννεφο

Oblak

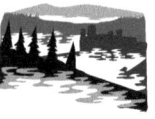

ομίχλη

Megla

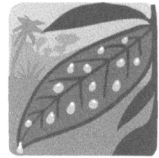

υγρασία

Vlažnost

αστραπή
Strela

κεραυνός
Grom

καταιγίδα
Nevihta

χαλάζι
Toča

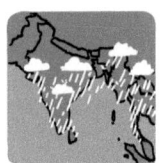

μουσώνας
Monsun

πλημμύρα
Poplava

πάγος
Led

Ιανουάριος
Januar

Φεβρουάριος
Februar

Μάρτιος
Marec

Απρίλιος
April

Μάιος
Maj

Ιούνιος
Junij

Ιούλιος
Julij

Αύγουστος
Avgust

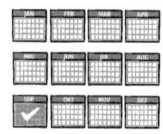

Σεπτέμβριος
....
September

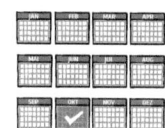

Οκτώβριος
....
Oktober

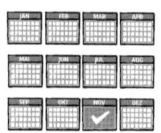

Νοέμβριος
....
November

Δεκέμβριος
....
December

σχήματα
Oblike

κύκλος
....
Krogla

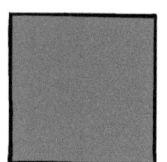

τετράγωνο
....
Kvadrat

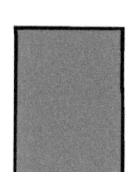

ορθογώνιο
παραλληλόγραμμο
Pravokotnik

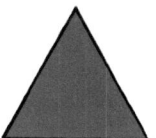

τρίγωνο
....
Trikotnik

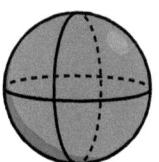

σφαίρα
....
Krogla

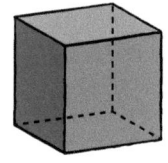

κύβος
....
Kocka

άσπρο

Bela

κίτρινο

Rumena

πορτοκαλί

Oranžna

ροζ

Rožnata

κόκκινο

Rdeča

μωβ

Vijolična

μπλε

Modra

πράσινο

Zelena

καφέ

Rjava

γκρι

Siva

μαύρο

Črna

πολύ / λίγο

veliko / malo

θυμωμένος / ήρεμος

jezno / umirjeno

όμορφος / άσχημος

lepo / grdo

αρχή / τέλος

začetek / konec

μεγάλος / μικρός

veliko / majhno

φωτεινός / σκοτεινός

svetlo / temno

αδελφός / αδελφή

brat / sestra

καθαρός / λερωμένος

čisto / umazano

πλήρης / ατελής

popolno / nepopolno

ημέρα / νύχτα

dan / noč

νεκρός / ζωντανός

mrtvo / živo

φαρδύς / στενός

široko / ozko

βρώσιμος / μη βρώσιμος

užitno / neužitno

κακός / ευγενικός

zlobno / prijazno

ενθουσιασμένος / βαριεστημένος

vznemirjeno / zdolgočaseno

παχύς / λεπτός

debelo / vitko

πρώτος / τελευταίος

prvo / zadnje

φίλος / εχθρός

prijatelj / sovražnik

γεμάτος / άδειος

polno / prazno

σκληρός / μαλακός

trdo / mehko

βαρύς / ελαφρύς

težko / lahko

πείνα / δίψα

lakota / žeja

άρρωστος / υγιής

bolano / zdravo

παράνομος / νόμιμος

nezakonito / zakonito

έξυπνος / χαζός

pametno / neumno

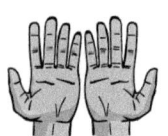

αριστερός / δεξιός

levo / desno

κοντινός / μακρινός

blizu / daleč

καινούριος /
μεταχειρισμένος

novo / rabljeno

τίποτα / κάτι

nič / nekaj

γέρος | νέος

staro / mlado

αναμμένος / σβηστός

vklopljeno / izklopljeno

ανοιχτός / κλειστός

odprto / zaprto

χαμηλόφωνος /
μεγαλόφωνος
tiho / glasno

πλούσιος / φτωχός

bogato / revno

σωστός / λανθασμένος

prav / narobe

τραχύς / λείος

grobo / gladko

λυπημένος / χαρούμενος

žalostno / veselo

κοντός / μακρύς

kratko / dolgo

αργός / γρήγορος

počasi / hitro

υγρός / στεγνός

mokro / suho

ζεστός / δροσερός

toplo / hladno

πόλεμος / ειρήνη

vojna / mir

0

μηδέν

Ničla

1

ένα

Ena

2

δύο

Dva

3

τρία

Tri

4

τέσσερα

Štiri

5

πέντε

Pet

6

έξι

Šest

7

εφτά

Sedem

8

οκτώ

Osem

9

εννιά

Devet

10

δέκα

Deset

11

έντεκα

Enajst

12

δώδεκα

Dvanajst

13

δεκατρία

Trinajst

14

δεκατέσσερα

Štirinajst

15

δεκαπέντε

Petnajst

16

δεκαέξι

Šestnajst

17

δεκαεφτά

Sedemnajst

18

δεκαοκτώ

Osemnajst

19

δεκαεννέα

Devetnajst

20

είκοσι

Dvajset

100

εκατό

Sto

1.000

χίλια

Tisoč

1.000.000

εκατομμύριο

Milijon

αριθμοί - Števila

Αγγλικά

Angleščina

Αμερικάνικα Αγγλικά

Ameriška angleščina

Μανδαρίνικα Κινέζικα

Mandarinščina

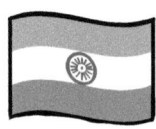

Χίντι

Hindujščina

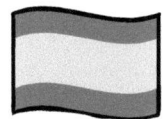

Ισπανικά

Španščina

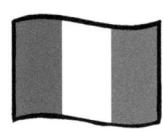

Γαλλικά

Francoščina

Αραβικά

Arabščina

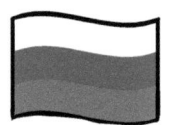

Ρώσικα

Ruščina

Πορτογαλικά

Portugalščina

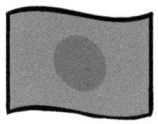

Μπενγκάλι

Bengalščina

Γερμανικά

Nemščina

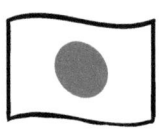

Ιαπωνικά

Japonščina

εγώ

Jaz

εσύ

Ti

αυτός / αυτή / αυτό

On / ona / tisto

εμείς

Mi

εσείς

Vi

αυτοί / αυτές / αυτά

Oni

ποιος / ποια / ποιο;

Kdo?

τι;

Kaj?

πώς;

Kako?

πού;

Kje?

πότε;

Kdaj?

όνομα

Ime

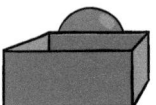

πίσω

Zadaj

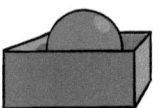

μέσα

V

μπροστά

Pred

πάνω από

Nad

πάνω

Na

κάτω

Pod

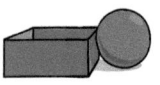

δίπλα

Poleg

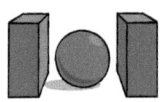

ανάμεσα

Med

μέρος

Kraj